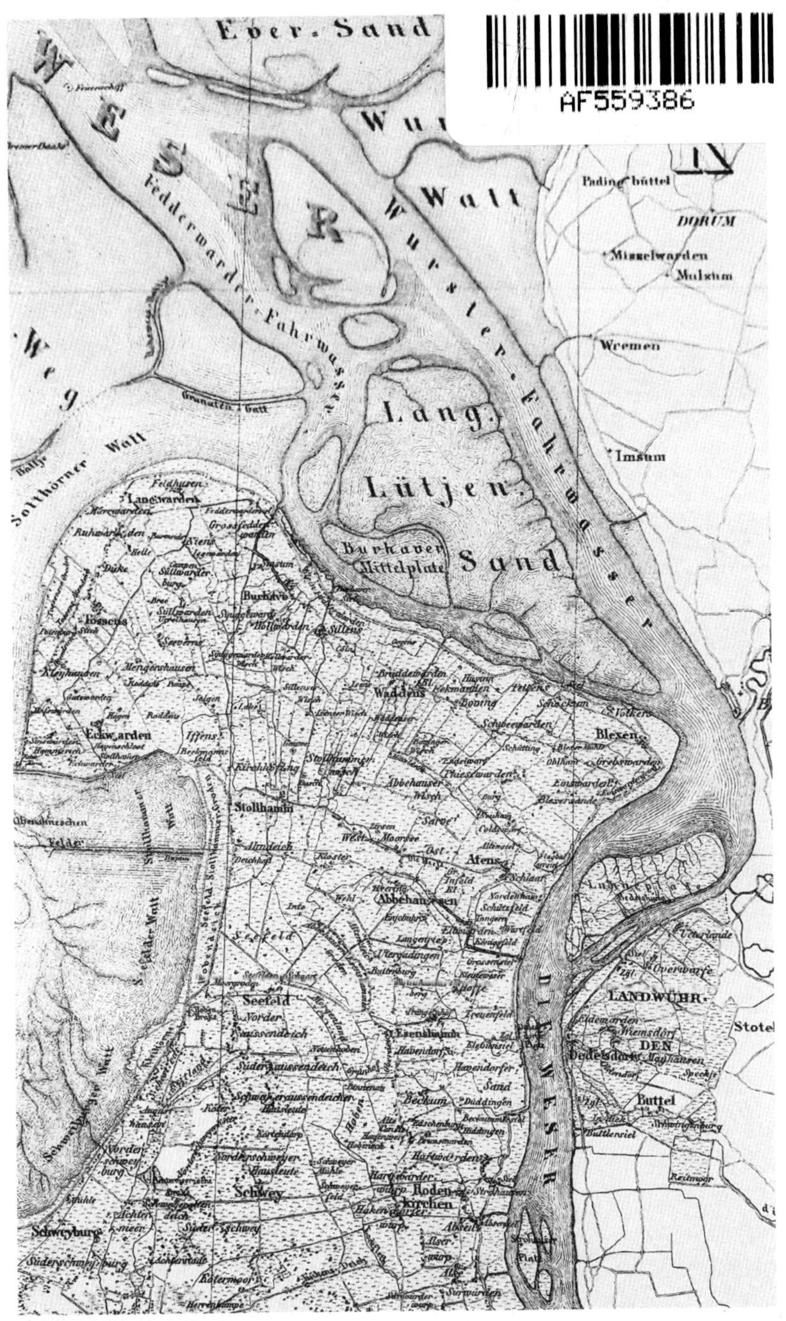

Quelle: *Karte von dem Herzogtum Oldenburg 1856 (Landesvermessung und Geobasisinformation Niedersachsen 1998)*

Helmut Heyen

Die Insel

53°34'52,2" N / 8°29'10,8" E

ISENSEE VERLAG
OLDENBURG

Umschlagtitel: Die ehemalige Festungsinsel Langlütjen II liegt heute im Nationalpark Niedersächsisches Wattenmeer und wird unter anderem von der stark gefährdeten Flussseeschwalbe als Brutplatz genutzt.
Bildnachweis: Norbert Hecker, Nationalparkverwaltung Niedersächsisches Wattenmeer

Foto Umschlagrückseite, S. 2, S. 133: P. A. Kroehnert

Weitere Fotos im Buch: Andreas Liebold

Layout und Satz: Stefanie Tegeler, Isensee Verlag

Bibliografische Information der Deutschen Bibliothek

Die Deutsche Nationalbibliothek verzeichnet diese Publikation in der Deutschen Nationalbibliografie; detaillierte bibliografische Daten sind im Internet über http://dnb.d-nb.de abrufbar.

ISBN 978-3-7308-2098-8

Gedruckt bei Isensee in Oldenburg

Kapitel

Nebel lag über dem Land.
Er lag auf den Erinnerungen
und bedeckte unsere Seelen.

(Caterina Auffahrt)

When shall we three meet again?
In thunder, lightning or in rain?

(William Shakespeare, Macbeth)

Für meine Familie

Prolog

Sie liegt erst seit 150 Jahren im Wattenmeer. Die Insel. Nicht geschaffen vom ewigen Gezeitenstrom. Nicht geschaffen von Anlandungen des Meeres in Jahrtausenden und wieder abgetragen in einer einzigen Sturmnacht. Die Fluten der Nordsee, die über einen unendlichen Zeitraum über das Wattenmeer hinweg rollten, ließen nicht zu, dass auch noch hier, im seichten Übergang zur festen Landmasse, ein Hindernis entstehen konnte, das ihre Wellen brach und die weithin sichtbaren Schaumkronen vom Sturm hinweg geblasen wurden, ehe sie sich wieder mit der grauen See vereinten.

Den Küstensaum in Schach zu halten und sich zurückholen, was Menschenhand ihr einst abgerungen. Die heranstürmenden Flutmassen als Warnungen an alle, die ihr ihr uraltes Herrschaftsgebiet streitig machen wollten. Jahrhundertfluten, die wegrissen und tiefe Wunden hinterließen. Die *Große Manndränke, Marcellusfluten* und *Weihnachtsfluten* zur Heiligen Nacht. Von Zeelands Osterschelde herüber zum Dollart. Die Westfriesen nicht verschonend, auch die Friesen im Osten nicht, schon gar nicht das große Moor in den Tiefebenen. Zunächst tückisch aufgeschwemmt. Hochgehoben. Nimmersatt hineingefressen und alles zerfetzt. Gierig herausgebissen die weichen Flanken wie der Löwe aus seiner erlegten Jagdbeute. Den Jadebusen. Eine offene Wunde, herausgerissen aus dem grünen Kleid und die Rüstringer Friesen zu einem Völkchen zusammengeschrumpft, das entsetzt diese unwirtliche Gegend für einen langen Zeitraum mied. Den Nordfriesen nur ein paar Vorposten hinterlassend, kleine Erhebungen im schlickgrauen Watt. Halligen. Langeneß, Oland, Hooge, Norderoog.

Runghold, zerschmettert und im Triumph entführt. Dafür reichte ein Kaventsmann. Brunnen versalzen und das Geschmeide geraubt. Gold und Edelsteine. Den Hochmut ertränkt, den Hochmut zuerst.

Unten die raue, raue See. Oben die sturmzersausten Segler. Silbermöwen und Seeschwalben. Auch wohl die Rotschenkel und Austernfischer. Schreiend vom Orkan vor sich hergetrieben. Bis auf den hohen Geestrücken entführt, an der die Wellen kapitulieren mussten. Nur die sturmerprobten Albatrosse, von weit her herangetrieben, wagten es, sich hinunterzustürzen. In die Gischt, die brodelnde, aufgewühlte Wildnis. Um dann zurückzukreuzen, navigierend wie die erfahrenen Hochseesegler in einer anderen noch fernen Zeit. Wieder hinaus. Helgoland hinter sich lassend. Hinaus. In die weite Heimat des Ozeans und für 300 Tage keinen festen Boden mehr unter den Füßen.

Trutz blanke Hans. Initialzündung und Herausforderung für ein ungleiches Kräftemessen zwischen Menschen und Nordsee. Mann und Maus mit sich genommen in das offene Meer. Als Zugabe die Schilfhütten, auf deren Dächern Verzweifelte sich im Reet festkrallten und sich dem Sog in die unendlich weite Wasserwüste doch nicht erwehren konnten. Eisig der Sturm. Die Hände griffen irgendwann gefühllos ins Leere.

Auf dem Grund das verendete Vieh. Schafe, Ziegen, Schweine und Rinder. Mutterkühe mit ihren Kälbern, die die grünen Wiesen und den gelben Löwenzahn nicht mehr kennenlernen sollten. Auch nicht die wärmende Maisonne, in der übermütige Sprünge Ausdruck einer unbeschwerten Lebensfreude gewesen wären. Begleitet von bunten Faltern auf der Suche nach dem ersten zuckersüßen Nektar.

Ringsum nun ein Tummelplatz der Krähen und Raubmöwen, Augen aushackend und später animalische Völlerei der Aale in den ausgehöhlten Schädeln.

Und doch: Neue Generationen, die den Kampf aufnahmen. Widerstand leisteten. Grimmig, voller Trotz, Härte und Entschlossenheit. Und Suchen. Nach wirksameren Methoden, der See das Verlorene wieder abzuringen. Schutzwälle zu errichten. Mit den Böschungen der Deiche dem Wellenschlag Paroli zu bieten. Listig die Wellen auf der gemächlich ansteigenden grünen Grasmatte sich totlaufen lassen. Ihnen die zerstörerische Kraft, den ungebremsten Aufschlag nehmen. Immer höher die Deiche. Nicht mehr mit Spaten und Pferdekarren, nicht mehr die existentielle Drohung:

De nich will dieken mutt wieken.

Menschlicher Ideenreichtum. Innovation. Berechnungen, Erfindungen. Geisteskraft. Die Natur sich untertan zu machen. Maschinen und Geleise und Kleiboden. Sandkerne und Saugbagger. Über stählerne Pipelines die Kerne der neuen Deiche aufschütten. Fast alle mühselige Handarbeit abgenommen und dafür eingetauscht eine trügerische Sicherheit. Siegermentalität in einer neuen Zeit. Alles ist machbar. *Trutz blanke Hans.*

Doch jahrhundertelang dem Aberglauben angehangen, in den Deichfuß Lebendiges einzugraben. Nur so sei das Menschenwerk vollkommen, würde der Schutzwall dem stetig nagenden Ungetüm sich widersetzen können. Das jüngste Kind des Tagelöhners. Neugeboren und ungetauft kommt es gerade recht. Noch blutig die Nabelschnur. Die Vollhufner legen zusammen, werfen ihre Silberlinge in den Korb. Einen Jahreslohn, kümmerlich genug und mit ein paar Scheffeln Korn aufgewogen. Schweigen von der Kanzel, die um ihre Pfründen fürchtet und schon weggeschaut hat, als die Geknechteten nach Barmherzigkeit und Gerechtigkeit schrien. Sie, die Habenichtse, die nach den verheerenden Sturmfluten übriggeblieben waren und denen von den Kanzeln die Strafpredigten um die Ohren gehauen wurden. Das sei die gerechte Strafe Gottes für eine ruchlose, sündige Welt. Der Völlerei und der Trunksucht ergeben. Dem ausschweifenden Leben. Der Anmaßung.

„Rungholt ist reich und wird immer reicher
kein Korn mehr fasst selbst der größte Speicher.
Wie zur Blütezeit im alten Rom
staut hier täglich der Menschenstrom.
Die Sänfte tragen Syrer und Mohren,
mit Goldblech und Flitter in Nase und Ohren.
Trutz blanke Hans.

Auf allen Märkten, auf allen Gassen
lärmende Leute, betrunkene Massen.
Sie zieh'n am Abend hinaus auf den Deich:
Wir trotzen dir, blanker Hans, Nordseeteich!
Trutz blanke Hans."

Die Bußpredigten, in denen die Diener Gottes das Geschehen als hartes Exempel eines göttlichen Strafgerichts verkündeten und deuteten als *„allen Menschen nöthiges, heilsames und nimmer zu vergessendes Denckmahl"*, fällten das Urteil. Diejenigen, über deren Köpfe diese Worte im Namen des Herrn hinweg donnerten wie die heranstürzenden Wogen der Mordsee, hatten keinen Anteil am *protzigen Rungholter Wahn.* Hatten gehaust in ihren armseligen Hütten, kaum ertragen die Fron und gezweifelt an den heiligen Verkündigungen und Verheißungen.

Atlantis, Vineta, Rungholt. Vom Erdboden verschwunden und mit diesen sündigen Meilen unzählige Dörfer, deren Namen heute längst verblasst sind. Untergegangen. So wie deren stolze, steinerne Kirchen. Auch die nicht verschont. Die Kanzeln bis zur Doggerbank entführt und dort versenkt. Teile davon erst Jahrhunderte später in den Schleppnetzen der Logger wieder ans Licht gezogen. Das Kreuz. Umringt von zappelnden Heringen, Kabeljau und Stint.

„Tand, Tand ist das Gebilde von Menschenhand."

Am 15. Februar 1962 eröffnete die See erneut den Kampf. Fokke Heiken hatte es schon am späten Vormittag auf den Deich getrieben, wo er auf andere Dorfbewohner traf, die sorgenvoll die Köpfe zusammensteckten.

„Dat Water löppt nich mol bi Ebbe aff. Steiht nu all bit an den Diek ran. Was soll erst werden, wenn die Flut wieder einsetzt?"

„Dat süht bös ut", hatten auch schon am Abend vorher einige in der Versammlung der Deichgeschworenen verlautbaren lassen. Doch Siefke Tedsen beruhigte die Gemüter.

„Ihr wisst doch alle, dass wir erst im letzten Herbst beschlossen haben, im Frühjahr mit den Verstärkungsarbeiten am Deich anzufangen."

„Und was ist mit der Schwachstelle", unterbrach ihn Gerhard Wefer. „Tettenserhörne. Dort, wo die Deichlinie einen Knick nach Westen macht, hätten wir im Herbst schon anfangen müssen. Hier ist der Knackpunkt, ist doch schon lange auch vom Oldenburgischen Deichband bestätigt worden."

„Dringender Handlungsbedarf", sprang ihm Günther Höpken zur Seite, „wird schon seit mindestens fünf Jahren gefordert. Und was hat sich getan? Nichts."

Doch bevor Höpken seine bekannten Klagelieder weiter anstimmen konnte und die Stimmung in persönliche Anfeindungen kippte, ergriff Siefke Tedsen erneut das Wort.

„Wir können nur hoffen, dass der Sturm doch noch nachlässt", wollte er das Thema beenden, und die meisten brummelten vor sich hin, was so viel wie Zustimmung signalisieren sollte. Sie hatten keine Lust auf eine weitere Diskussion. Dieses Thema kam nun schon zum x-ten Male hoch und in Kürze sollte doch mit der Erhöhung des Deiches begonnen werden. Würde schon halten, der alte Deich, hatte doch in den letzten Jahrzehnten seinen Dienst zuverlässig getan.

Die neuesten Nachrichten von Radio Norddeich trugen dann allerdings nicht zur Beruhigung bei.

„Gerade haben sie Orkan als Warnmeldung rausgegeben." Anton Plate, der Wirt des kleinen Dorfgasthofes, brachte eine neue Runde Grog und verkündete die Neuigkeit, die er eben im Rundfunk gehört hatte. „Sie sprechen von einer schweren Sturmflut, angetrieben vom Orkan Vincinette."

Das änderte die Situation. Schnell wurden die Gläser geleert und der Beschluss gefasst, für alle Fälle noch vierhundert Sandsäcke an die gefährdete Stelle zu bringen. Walter Büsing holte seine Oldenburger Kaltblüter aus dem Stall. Er war der Einzige, der noch Pferde am Hof hatte. Mit einem Trecker konnten sie keinesfalls die Säcke zur Hörne bringen. Der Boden auf dem Deich war durch den Dauerregen aufgeweicht.

Der Orkan erreichte die Küstenlinie, drückte das aufgewühlte Wasser mit meterhohen Wellen gegen die Deichkrone. Fraß in den äußeren Deichfuß ackerwagengroße Löcher und weichte mit der Gischt die Innenböschung auf, so dass diese drohte abzurutschen. Buchstäblich in allerletzter Minute konnten die völlig durchnässten und steif gefrorenen Dorfbewohner mit den bereitgestellten Sandsäcken einen Deichbruch verhindern. Die See holte sich ihre Opfer an anderer Stelle.

„...denn die Elemente hassen die Gebild von Menschenhand..."

Lange Lütke

Der Sommer 1609 war anhaltend schön gewesen. Schon seit Anfang Juni brannte die Sonne unbarmherzig auf die Torfstecher im großen Moor herab. Oft bis zu den Knien im braunen Wasser stehend, hatten die Arbeiter keinen Blick für die herbe Schönheit des Moores, dem sie in diesen frühen Sommerwochen jeden Morgen zustrebten. Gebückt, den schmalen Torfspaten über die geschundenen Schultern gelegt.

Schmale Entwässerungsgräben und platt getretenes Heidekraut zeigten ihnen im gespenstischen Morgennebel den Weg, auf dem sie bei jedem Schritt leicht federnd und schwankend ein kleines Stück in die grün braune Oberfläche einsanken. An einigen markanten Stellen hatten sie Pflöcke ins Moor geschlagen, um so die tückischen Stellen zu meiden. Allzu leicht konnte man hier sonst in den braunen Morast einbrechen und bis zur Brust versacken. Das wilde Strampeln der Beine sorgte für einen umso schnelleren Untergang. Ohne fremde Hilfe war man verloren. Ulfert Wienken war auf diese Weise qualvoll ums Leben gekommen. So wurde es an den abendlichen Feuern erzählt. Wohl auch ein wenig dramatisch ausgeschmückt, um den Kindern die Gefahren vor Augen zu führen. In den dunstigen, nebligen frühen Stunden des Tages streifte der große Moorgeist umher und suchte sich seine Opfer zwischen Simsenlilien und Moosbeeren und verschwand nach getaner Arbeit mit langen Sprüngen über die schwammigen Polster bis weit nach Westen. Dort, wo die untergehende Sonne sich in einem prächtigen Farbenspiel im brackigen Wasser eines großen Sees vom heißen Sommertag zögerlich verabschiedete. Bis an dessen Ufer war noch kein Lebender vorgedrungen. Gefunden hatte man Ulfert bis heute nicht. Nur seine Mütze tanzte noch tagelang auf den kabbeligen Wellen eines Tümpels und wurde hin- und hergeworfen wie ein führungsloser Kahn.

Die letzten drei Jahre waren für die Menschen in diesem Landstrich auch aus anderen Gründen lebensbedrohend gewesen. Bis in den späten April hinein hatte sich der Winter mit Minus-Temperaturen gehalten und das Moor war noch im Mai gefroren. Das machte das Abbrennen der Felder und die Aussaat des Buchweizens unmöglich. Als darauf noch verregnete Sommer folgten, wurde die Not groß. Hungertote wurden dem nimmersatten Herrscher des Moores als Opfer übergeben.

Die gestern gestochenen, quatschnassen Torfsoden hatten über Nacht schon eine Menge Wasser ausgeschieden und wurden nun, im ersten Arbeitsgang des Tages, an der Moorkante kreuzweise aufgeschichtet. Bis gegen Ende des Sommers würden sie zu steinharten Brennriegeln getrocknet sein. Trocken und hart wie abgelagertes Eichenholz. Dann würden in der nahen Wiek, einem schmalen Stichkanal, die kleinen Moorkähne anlegen und ihre Bäuche füllen. Brennmaterial für den Winter. Die Bremer Haushalte hatten schon im letzten Herbst die Bestellungen für das kommende Jahr aufgegeben. Ohne den Verdienst aus dem Verkauf des Torfes konnten die Moorsiedler nicht überleben. Zu gering und unzuverlässig war der Ertrag des Buchweizens, dessen Saat sie, sobald der Frost den Boden freigegeben hatte, in die noch warme Asche der vorher abgebrannten Moorfelder einstreuten.

Mit dem Auflaufen der Flut frischte der Nordwest auf, zerfetzte und vertrieb den dichten Dunst des frühen Tages. Machte den Weg frei für die Sonne, die um die Mittagszeit auch heute wieder gnadenlos vom Zenit auf ihre Buckel niederbrennen würde. Es dauerte eine Weile, bis die ersten Torfstecher ihre groben, fest gewebten Jacken auf den Moor-Rand warfen. Die körperlich schwere Arbeit trieb mit der stärker werden Sonneneinstrahlung Schweißperlen auf ihre Stirn, die unter den tief herabgezogenen Mützen fast völlig verdeckt blieb.

Dem gleichmäßigen Rhythmus vom Einstechen des Spatens in den tiefbraunen Untergrund, dem Lösen der einzelnen Schwarztorf-Soden und dem Hinaufschwingen auf die hoch gelegene Moorkante mutete ein eigentümliches Bild an. Es schien gerade so, als ob im Hintergrund jemand Regie führte und die Bewegungen einem unsichtbaren Taktstock folgten. Es verblieb kaum Zeit, den gebeugten Rücken einmal gerade zu strecken. Die Monotonie der sich wiederholenden Bewegungen hatte sich längst tief in die Gesichter der Arbeiter eingegraben. Lebensfurchen in gegerbter Haut.

Am späten Vormittag, zur ersten Pause, würden die Frauen und Kinder kommen und die Körbe mit dem kargen Mittagsmahl auf eine grob gewebte Plane stellen. Mit krummen Ästen schlugen sie vorher auf den Heideboden, um die sich dort in der Sonne wärmenden Kreuzottern zu vertreiben. Manchmal machten sich die Kinder einen Spaß daraus, eine kleine giftige Schlange mit einer Astgabel festzusetzen und sich an den Befreiungsversuchen des Tieres zu ergötzen. Immer darauf achtend, die bloßen Füße in sicherer Entfernung zu halten. Meist befreite sich die Otter schon nach ein paar Windungen und verschwand im Heidekraut. Viel Zeit blieb den Kindern ohnehin nicht, denn die von der letzten Woche schon angetrockneten und zu Bülten aufgeschichteten Torfsoden mussten auf eine flache Karre gestapelt und näher an die Wiek herangekarrt werden. Dort wurden sie erneut kreuzweise aufgeschichtet, um im Spätsommer die Torfkähne schneller beladen zu können. Braune Segel beherrschten dann die Wieken. Oft genug blies der Wind jedoch zu schwach, um die tief liegenden Kähne voranzutreiben. Dann blieb es den Bootsleuten nicht erspart, die schwere Fracht zu treideln. An langen Repen zogen sie die flachen Boote, auf denen sie die Torfsoden mannshoch gestapelt hatten, zum breiteren Moorkanal. Mühsam stolperten sie am Kanalrand entlang, stets im Ungewissen darüber, ob der ersehnte Wind kommen würde und sie von der schweren Arbeit erlöste.

Der Sonnentau öffnete seine klebrig glänzenden Fangtentakel und lockte damit Beute an, um sie unbarmherzig zu umklammern. Wie Ertrinkende schlugen die Fliegen, Käfer und Bienen um sich. Aus der süßen Flüssigkeit gab es kein Entkommen. Vergeblich der Flügelschlag der Schmetterlinge.

Überall in den seichten Vertiefungen hatten sich kleine Tümpel gebildet. Hier lauerten die großen Libellen auf ihre Beute. Wasserjungfern flogen im Paarungstanz die Oberfläche an und legten ihre Eier im dichten Unterwassermoos ab. Moorfrösche wiederum hatten hier ihren Laich hinterlassen, und die ersten Kaulquappen zappelten aufgeregt im warmen Wasser. Wie die Moorkolonisten würden auch sie um ihr Überleben kämpfen müssen. Die weißen Büschel des schmalblättrigen Wollgrases wehten wie Fahnen im Wind.

Auf den vereinzelt in den Moortümpeln liegenden schwammigen Polstern hatte sich die Torfsegge ausgebreitet, und die Sumpfcalla streckte ihre weißen Blüten dem Licht entgegen. Versteckt lagen hier die Nester der großen Brachvögel, unerreichbar selbst für die wagemutigsten Kinder, die nur zu gerne die Eier eingesammelt hätten. So blieb es bei den Moosbeeren, die zum Ende des Sommers haufenweise gefunden und in die Buchweizen-Pfannkuchen eingebacken wurden.

Für die herbe Schönheit dieser Landschaft, in deren unzähligen Tümpeln sich das Sonnenlicht und die bizarren Wolkengebilde spiegelten, hatten die Kolonisten, die hier zu überleben versuchten, keinen Blick frei. Sie empfanden ihr Dasein als stetigen Kampf gegen die Allmacht der Natur, die allzu oft triumphierte über das, was die Menschen ihnen entgegenzusetzen hatten. Mit stumpfen Blicken erledigten sie ihr erschöpfendes Tagewerk. Hier, in den unwirtlichen Moorgebieten, entstand nicht von ungefähr die bis heute übermittelte Erfahrung:

... den Eersten sien Dood, den Tweeten sien Not, den Drütten sien Brot...

Lange Lütke schaute skeptisch nach Westen. Sein Ewer lag nun schon drei Tage fest, hatte sich nicht fortbewegen lassen. Anhaltende Flaute verzögerte die Erledigung eines lukrativen Auftrages. Sein Bremer Agent, Frerk Bussmann, wollte in das Geschäft des Torfhandels einsteigen und hatte ihn ermuntert, im Oldenburgischen eine Ladung Torf „zu ergattern“.

„Dormit köönt wi goot wat verdeenen“, hatte er Lütke gelockt.

Weiter im Westen, nahe der holländischen Grenze, erhoffte der sich nun einträgliche Geschäfte mit dem Torfhandel. In der näheren Umgebung von Bremen hatten die Konkurrenten bereits alle Kolonisten verpflichtet, das kostbare Brennmaterial nur an sie abzuliefern. Dazu hatten sie deren Notlage nach den letzten Jahren genutzt und auf Pump Buchweizensaat an die Siedler geliefert. Die standen nun in der Schuld der bremischen Händler.

Lütke hatte sich sorgfältig umgehört und schließlich erfahren, dass es westlich der Ems und an der Leda ausgedehnte Moorgebiete gab und entsprechend ausreichend Brennmaterial zur Verfügung stand. Bussmann beteiligte sich mit einem großzügigen Zuschuss am Umbau eines alten Ewers und Lütke sah voller Zuversicht auf die kommenden Geschäfte.

Jetzt saß er aber erst einmal im Langwarder Hafen fest. In der großen Marktkirche, die hoch oben auf der Wurt thronte, beobachtete Lange Lütke das geschäftige Treiben der Händler und Kaufleute, die hier ihre Waren lagerten und um die Preise feilschten. Es war ein ständiges Kommen und Gehen, und so ergaben sich Möglichkeiten, mit den Leuten ins Gespräch zu kommen und Kontakte zu knüpfen. Wenn Lütke über sein Vorhaben berichtete, so reagierten die Fragesteller allerdings mit hochgezogenen Augenbrauen und bedächtigem Schütteln der Köpfe. Hier aus der Wesermarsch wurde der Torf nach Oldenburg verfrachtet. Der Weg von Leda und Ems entlang am nördlichen Küstensaum der ostfriesischen Inseln bis in das Fedderwarder Hauptfahrwasser und weiter nach Bremen erschien den meisten ein zu großes Hindernis für noch lohnende Geschäfte. Und ungefährlich war solch Unternehmen obendrein auch nicht. Besonders zwischen dem östlichen Fahrwasser der Weser, nahe dem Wurster Watt, und dem großen Fedderwarder Priel lief man leicht Gefahr, auf dem *Cappelmanns Sant* zu stranden. Kritisch schauten sich die Fahrensleute Lütkes Ewer an. Dass er damit nur bedingt kreuzen konnte, hatte er schon gleich gemerkt und auch die seitliche Abdrift des Plattbodenschiffes war nur schwer unter Kontrolle zu bringen. Ein zusätzlicher Hilfsmann an Bord musste angeheuert werden. Aber das wollte er nicht auch noch zur Diskussion stellen, wenn er in der nahegelegenen Schänke mit den anderen Schiffern zusammensaß und beim heißen Eierpunsch die Stimmung immer ausgelassener wurde. Theda, die üppige Wirtin, sorgte schon dafür, dass die Fachsimpeleien schnell ein Ende nahmen, wenn sie ihre offenherzigen Mägde an die Tische schickte, um den Umsatz zu steigern. Derbe Sprüche schlüpften nicht nur den Bootsleuten über die Lippen, und in den beiden Hinterzimmern konnte manch anderer Dienst in Anspruch genommen werden. Von der Kanzel wurde jeden Sonntag heftig dagegen gewettert. Schließlich sah sich ein um sein Seelenheil bedachter wohlhabender Kaufmann genötigt, einen Beichtstuhl zu stiften. Der wurde nun zwischen Kanzel und Altar postiert und sollte allein durch seine Anwesenheit manchen Kirchgänger von seinen sündigen Gedanken befreien. Noch heute steht er an dieser ungewöhnlichen Stelle. Ob und wie viele arme Sünder davon abgehalten wurden, sich in den ruchlosen Hinterzimmern den Liebesdiensten hinzugeben, ist nicht überliefert.

Theda kümmerte sich nicht um diesen *ganzen Firlefanz*, wie sie es nannte. Ihr schien, dass eine solch öffentliche Brandmarkung die Geschäfte beflügelte. Den fremden Schiffern war es allemal egal. Sie würden schon bald wieder in See stechen. Reue konnte man immer noch zeigen, auf später verschieben. Stürme und hohe See verlangten einem Seemann alles ab.

„Wat schall dat schlechte Leven, schenk noch een in", riefen sie vergnügt der Wirtin zu und torkelten später in die schaukelnden Hängematten.

Im Langwarder Hafen wurde Lange Lütke immer ungeduldiger. Er hatte am Ewer noch einmal alles gewissenhaft überprüft. Der Kahn war gut in Schuss. Das Focksegel hatte er an den Rändern beim Segelmacher in dessen kleiner Werkstatt, gleich neben der Kirche gelegen, verstärken lassen. Bolko Hayessen war ein wortkarger Mann, der zunächst unwirsch auf Lütkes Wünsche reagierte. Doch als Lütke ihn einlud, sich einmal die Umbauten am Ewer anzuschauen, und ihm mit ausgebreiteten Armen die Takelage erklärte, war der knurrige Segelmacher beeindruckt.

„Ich hätte das Segel schon in Bremen bearbeiten lassen sollen", setzte Lange hinzu, „aber es gibt dort nur eine Werkstatt, die das wirklich kann. Ich bin froh, dass ihr etwas vom Segeltuch versteht", schmierte er dem Griesgram ein wenig

Honig um den Bart. „Die Schiffer hier loben die Arbeit in deiner Werkstatt."

Die Wartezeit hatte Lütke nutzbringend angewandt und in Tade de Groot fand er den dringend benötigten Matrosen, der etwas von der nicht ungefährlichen Schifffahrt im Wattenmeer verstand. Ohne auffrischenden Wind ging es jedoch auch mit ihm nicht weiter.

Der sollte am nächsten Vormittag endlich aufkommen. Gegen Mittag löste der neue Bootsmann die Leinen, und sie segelten nach Westen. Auf Backbord Seite passierten sie den gewaltigen Meereseinbruch des Jadebusens, trafen bald auf die Inselreihe der ostfriesischen Inseln, die steuerbords wie eine Perlenkette der Küste vorgelagert waren. Jetzt zeigte sich der Vorteil des Plattbodenschiffes. Bei Flut segelten sie den Kahn mit Kurs zwischen Festland und Inseln und konnten ihn dann bei der nachfolgenden Ebbe trockenfallen lassen. Der flache Boden des Ewers verhinderte eine Schräglage. Die Rückfahrt würde allerdings anders verlaufen. Vollbeladen hätte der Kahn einen deutlicheren Tiefgang, und sie müssten die Inseln auf ihrer Seeseite passieren. Der neu eingezogene Besanmast sorgte dann sicher mit dem zusätzlichen Segel für eine schnellere Fahrt, unterstützt von Klüver und Sturmfock am Bug. Auf das Großsegel am vorderen Mast, vor dem Umbau das einzige Segel des Ewers, war Lütke nun nicht ausschließlich mehr angewiesen.

Ende August stellte sich erfahrungsgemäß auch wieder der verlässliche Westwind ein. Ein gutes Omen für den Transport der Ladung nach Bremen.

Bis zur Mündung der Ems hatten Lütke und de Groot Gelegenheit, sich mit den Eigenheiten der *Ann-Kathrin* vertraut zu machen.

„Wir werden ihr die Nücken schon austreiben", der Bootsmann hatte sich schnell in das Manövrieren eingearbeitet.

Am 21.August erreichten sie die Torfverladestelle am westlichen Ems Ufer. Lütke hatte mit einem Mindestaufenthalt von drei Tagen gerechnet, doch schon nach einem Tag war die *Ann-Kathrin* voll beladen. Hier war man dem Vorbild der holländischen Nachbarn gefolgt und hatte an der Verladestelle eine kleine Rampe errichtet, von der aus nun Karre um Karre voll Torfknüppel direkt in den Laderaum des Ewers gekippt werden konnte. Diese Arbeit wurde von einer Mannschaft, *Plog* genannt, ausgeführt, die vom Torfstechen bis zur Verladung alles in eigener Regie durchführte. Zu einem *Plog*, so erfuhren die beiden Schiffer, gehörten *Bunker, Sticker, Gräber, Korsetter* und *Kroder*. Jeder hatte dabei während der Kampagne des Torfabstichs einen genau festgelegten Arbeitsablauf zu leisten. Das *Dagwerk*, das Tagewerk, wurde mit einem festgelegten Maß von zehn Fuß vermessen. Diese Maßeinheit bestimmte auch die Abrechnung der Ladung. An der Verladerampe waren die *Bülten,* die Torfhaufen, mit jeweils einem Fassungsvermögen von einem Tagewerk aufgeschichtet. Lütke und sein Helfer staunten über den reibungslosen Ablauf der Beladung, mussten bei dieser Art der Durchführung allerdings in Kauf nehmen, dass die Torfsoden nicht exakt im Laderaum gestapelt werden konnten. Doch das wog die kürzere Beladungszeit auf. Obwohl der Torf insgesamt etwas teurer war als in der Wesermarsch, so schien sich hier ein lohnendes Geschäftsfeld aufzutun.

Viele der *Plog* Angehörigen waren aus dem Gebiet um Groningen hierhergezogen und führten diese viel effizientere Arbeitsweise ein. Schließlich hatten die Holländer hundert Jahre Vorsprung in der Moorkolonisation und verfügten über entsprechend gewachsene Erfahrungen. Lütke würde in Bremen viel zu erzählen haben.

Als die *Ann-Kathrin* beladen war und auch bei der Abrechnung Einigkeit herrschte, wurde mit einem Genever auf das Geschäft angestoßen. Lütke, dem auf der Hinfahrt ständig durch den Kopf gegangen war, wie man eine Leerfahrt vermeiden konnte, wandte sich an den Vormann der Mannschaft.

„Könnt ihr nicht Schlick für eure abgegrabenen Felder gebrauchen. Bei uns ist in Mode gekommen, dass die Kolonisten den mit der oberen Weißtorfschicht mischen, um so den Boden fruchtbarer zu machen."

„Plaggen", antwortete der Angesprochene, „jo, dat kennt wi hier ok. Hefft sülven Schlick noog." Mit einer wegwerfenden Handbewegung machte er Lütke deutlich, was er von dieser Idee hielt. Immerhin gelang es Lütke, fest zu vereinbaren, dass er mit der *Ann-Kathrin* noch zwei weitere Schiffsladungen Torf würde abholen können. Vielleicht gelänge es, mit den Fischern in Emden in Kontakt zu treten. Leere Heringsfässer waren dort gefragt, so hatte er in Langwarden erfahren.

In bester Stimmung wurde die Rückfahrt angetreten. Sie kamen zügig voran, erreichten die Mündung der Ems. Vom Ebbstrom unterstützt ging die Fahrt bei achtern Wind an Emden vorbei, und schon bald wussten sie tieferes Wasser unter der *Ann-Kathrin*. Borkum tauchte an Steuerbord auf. Nur wenige Meter ragten Juist, Norderney und Baltrum aus dem Wattenmeer. Die weißen Sandstrände hoben sich als schmale, glänzende Streifen von dahinter liegenden Dünengebieten ab, nur unwesentlich an Höhe zunehmend. Lange Lütke konnte Abbrüche ausmachen, die die letzten Herbststurmfluten den sandigen Vorposten zugefügt hatten. Bei dunstigem Seenebel konnte man die Inseln leicht verfehlen, wenn man diesen Teil der südlichen Nordsee zum ersten Mal besegelte und die starke Strömung, die zwischen den einzelnen Inseln herrschte, nicht richtig einschätzte.

Die Inseln im Blick, war es für Tade de Groot einfach, die *Ann-Kathrin* auf Kurs zu halten. Stramm nach Osten bei guter Sicht und flottem Wind von achtern. Alle Segel waren gesetzt und gaben dem Ewer einen kräftigen Vorschub. Sie sahen Langeoog, Spiekeroog und Wangerooge vorbeiziehen und konnten im Südosten bald die uralte Bake von Hochdünkirchen ausmachen. Hier, an der Einfahrt zum Jadebusen, hatte sich ein Strandriff gebildet, das sich in den vergangenen Jahrzehnten immer höher aufbaute.

„Hol die Segel ein, Tade", rief Lütke seinem Bootsmann zu und löste ihn am Ruder ab. „Wir lassen uns trockenfallen." Nachdem der Anker geworfen und die Segel gerafft worden waren, zeigte er de Groot die alte Seekarte, auf der die Untiefe eingezeichnet war.

„Der stetige Flutstrom aus Nordwesten schiebt mit der Brandung an dieser Stelle den Sand hoch, eine Gefahr für alle, die glauben, sie könnten nun ungehindert in die Jade einlaufen. Schon viele sind hier gestrandet." Tade nickte zustimmend, für ihn war diese Information nicht neu, er kannte die Tücken.

Spät war es geworden. Die *Ann-Kathrin* hatte Bodenberührung und lag auf. Das Wasser war von den weiten Wattflächen abgelaufen, nur in den Prielen rauschte es noch gen Norden, zurück in die See. Eine eigentümliche Stimmung umgab sie. Vögel fielen in Scharen mit lautem Gekreisch ein und verstummten, sobald sie gelandet waren und eifrig mit schnellen, trippelnden Schritten den Boden nach fressbaren kleinen Krebsen, Muscheln und Wattwürmern absuchten. Rotschenkel, Austernfischer, Regenpfeifer, auch Strandläufer, Bekassinen und Uferschnepfen konkurrierten mit den großen Brachvögeln um die besten Plätze am gedeckten Tisch.

Achteraus, nach Westen, nahm die Sonne Kurs auf den abendlichen Untergang, verwandelte sich zu einem orangeroten Ball und versteckte sich zur Hälfte hinter der weit westlich liegenden Horizontlinie, bevor sie einen Schuss Blau dazu mischte. Einen kurzen Augenblick hatte man den Eindruck, dass sich das Tagesgelb noch einmal aufbäumte, um dann doch völlig in sich zusammenzufallen. Kurz tauchten die Farben in die spiegelglatte ferne See, ehe das Licht, im tiefen Wasser unsichtbar geworden, verschwunden war. Nur die Luft spielte, so als könne sie nicht loslassen, noch ein wenig mit der Farbenpracht und leuchtete in die Dämmerung hinein, die behutsam alles einhüllte.

Lange Lütke war mit dem bisherigen Verlauf ihres Turns zufrieden. Frerk Bussmann würde den qualitativ guten Schwarztorf an die betuchteren Haushalte in Bremen liefern können. In der Zwischenzeit war es ihm wohl gelungen, neue Kunden zu akquirieren.

„De kann snacken as een Book", hatte Gesche Lütke nach einem Besuch des Agenten bei ihnen im Haus resümiert. „Bei dem kommst du nicht zu Wort", eine für Gesche völlig ungewohnte Situation. Warum Lange diese kleine Episode gerade hier unter dem Besanmast, wo er es sich bequem gemacht hatte, einfiel, wusste er nicht zu erklären. Ein Lächeln überzog sein bärtiges Gesicht, und dies mochte wohl daraufhindeuten, dass Gesche im Alltag die Wortführerin im Hause war.

„Pass op Schipper", hatte sie ihm beim Ablegen im Bremer Hafen zugeflüstert, „dat he di nich övert Ohr haut."

„Kaptein", wurde er in seinen Gedanken unterbrochen, „kennst du de Geschicht vun de Mellumer Burg, de an disse Steed mol stahn hett?" Tade de Groot hatte sich neben ihn gesetzt. „Auf dem Wattenrücken des Hohen Weges, querab der Bake von Hochdünkirchen, soll sie einst erbaut worden sein, um die Bewohner der Marsch vor den Raubzügen der Wikinger zu warnen. Bei Langwarden achtete der Wächter auf Feuerzeichen von der Burg. Die Warnungen wurden weiter Weser aufwärts gegeben. In Volkers, Grebswarden und bis hin nach Rodenkirchen hatten die Marschbewohner Hügel aufgeschüttet, auf deren Kuppen sie trockenes Astwerk aufschichteten, um es bei Gefahr anzuzünden. Der Feuerschein war weithin sichtbar."

„Bei all den Streitigkeiten wird es wohl des Öfteren eine Feuerkette entlang des Flusses gegeben haben“, sinnierte Lütke. „Nu is jedenfalls nix mehr vun den ganzen Kram to sehn. Gifft jo ok keen Wikinger mehr. Lat us man to Klapp gahn, is all laat noog. Morgen wollen wir gleich mit der auflaufenden Flut lossegeln, sodraat mien *Ann-Kathrin* noog Water ünnern Moors hett.“

Der Bootsmann zwängte sich in seine Koje, in der er halb sitzend die Nacht verbringen musste. Lange Lütke zog es vor, an Deck unter freiem Himmel zu bleiben. Er liebte die Einsamkeit der Wattennächte, wenn der Wind sich gelegt hatte und die *Ann-Kathrin* mit dem Mondschein Zwiesprache zu halten schien. Geheimnisvolles Gewisper, ein leises Knarren der Spanten, ein Flüstern der Decksplanken, ein Säuseln in der Takelage ließen seine Gedanken in sanfte Träume hinüberschweben.

In solch friedvollen Momenten, wenn die Nacht den Tag ablöste, glitt Lange dahin wie sein Ewer in ruhigem Fahrwasser. Vor dem leicht eingetauchten Bug tänzelten unscheinbare Wellen, die vergeblich versuchten, kleine Schaumkronen aufzuwerfen. Erst gegen Morgen, wenn der Schlaf unruhiger wurde, glaubte er sich in bewegterer See. Dann wachte er auf. Die Sonne war noch nicht aufgestiegen, und der Mond behauptete am Himmelszelt seinen Platz, verblasste allmählich und entzog sich den Blicken. Ein wenig benommen verharrte Lütke in diesen besonderen Augenblicken der Morgenstunde, wo ihm erst nach und nach bewusstwurde, dass er aufgewacht war.

In der heutigen Tagesfrühe erging es ihm nicht anders. Er schüttelte sich kurz, tauchte Hände und Gesicht in einen Eimer Wasser. „*Pützwäsche*“ nannte Gesche das und Lütke begann, das Großsegel zu setzen. Leicht lief das rotbraune Tuch am Mast empor. Vom Bootsmann war nichts zu sehen. Der schien kein Frühaufsteher zu sein, war aber wohl durch die Geräusche an Bord wach geworden und hatte immerhin schon Wasser heiß gemacht für den obligatorischen Kräutertee, eine Spezialmischung. Gesche stellte sie jeweils zu Winteranfang neu zusammen. An den Deckenbalken in der Küche hingen die sommertags gesammelten Kräuter zum Trocknen.

De Groot rief den Schipper in die Kajüte: „Fröhstück is klor“, Speck und Spiegeleier brutzelten in der Pfanne auf dem eisernen Ofengestell.

Der Wind frischte mit der auflaufenden Flut auf, blähte das Segel und der Ewer setzte sich schwerfällig in Bewegung. Lütke nahm Kurs Nord-Ost, und sobald sie die Langwarder Kirche am Horizont ausmachen konnten, erreichten sie nach einer weiteren Seemeile das Fedderwarder Fahrwasser und schwenkten nach Süd-Süd-Ost. Tade hatte die anderen Segel inzwischen gesetzt und die *Ann-Kathrin* nahm an Fahrt auf, obwohl der Wind abzuflauen schien. Ganz ungewöhnlich bei auflaufendem Wasser, zumal sich von Westen her eine dunkle Wolkenwand heranschob. Am frühen Morgen stand sie weit im Westen. Nun, um die Mittagszeit, befand sie sich schon auf Höhe ihres nächtlichen Ankerplatzes.

Den Langwarder Hafen würden sie heute trotzdem nicht anlaufen. Lütke wollte versuchen, vor dem drohenden Unwetter hersegelnd, den Hafen von Tettensersiel zu erreichen. Von dort aus waren es dann noch zwei Tagestouren nach Bremen, vorbei an Volkers, und bei Blexen würden sie in das Hauptfahrwasser der Weser einschwenken.

Querab von Waddensersiel war die *Ann-Kathrin* durch die plötzlich auftretenden heftigen Seitenböen schon weit nach Osten abgedriftet. Die fehlenden Seitenschwerter hätten das verhindern können. Jetzt rächte es sich, dass Lütke auf Bussmann gehört und sie in Bremen zurückgelassen hatte. Es begann, wie aus Eimern zu schütten, der Himmel verdunkelte sich. Das Zentrum des Sommer-Gewittersturms fegte über

Kahn und Besatzung hinweg. Zu spät war mit dem Bergen der Segel begonnen worden. Tade de Groot, der sich kaum auf den Beinen halten konnte, versuchte verzweifelt, das Großsegel herabzulassen. Die Takelage hatte sich verhakt, sie bewegte sich keinen Millimeter. Kaum hatte er sich dem Besanmast zugewandt, splitterte der mit einem ohrenbetäubenden Krachen, neigte sich über die Backbordseite und riss den Bootsmann mitsamt Segel über Bord. Die Backbordseite des Ewers hatte sich während Mast und Mann über Bord gingen ebenfalls bedenklich geneigt. Dadurch war die Torfladung ins Rutschen gekommen und drückte die Reling so weit herunter, dass das Wasser ungehindert über die Bordwand ins Schiffsinnere strömen konnte. Lange Lütke, der das Ruder verlassen hatte, weil er seinem Bootsmann zu Hilfe eilen wollte, wurde von einer weiteren Böe erfasst und bei der Schräglage des Ewers fand er keinen sicheren Halt. Das Segeltuch entglitt seinen klammen Händen, und der führerlose Kahn wurde ein leichtes Opfer von Wind und Wellen. Zwischen umherschwimmenden Torfsoden neigte sich der Großmast so stark zur Wasseroberfläche hin, dass die nächste Böe ihn mit einer mächtigen Drehbewegung aus der stabilen Verankerung am Boden riss.

Vergebens versuchte Lange Lütke, den abgebrochenen Mast zu erreichen. Doch seine Kräfte ließen schnell nach und er versank in den grauen Wellen. Tade de Groot wurde drei Tage später von Seehundjägern auf dem Wurster Watt gefunden und fand auf dem Friedhof von Wremen seine letzte Ruhestätte an der östlichen Kirchhofsmauer. Dort bestattete man ihn in einer Reihe von unbekannten Ertrunkenen, die das Meer im Laufe der Jahre an Land gespült hatte.

Lange Lütke blieb verschwunden, der Gezeitenstrom hatte seinen Leichnam weit mit ins offene Meer gezogen.

In der Frühe des nächsten Morgens entdeckten die Tettenser das Wrack, das auf dem *Cappelmanns Sant* lag. Eilig machten sie sich auf den Weg, um Beute zu machen. Nur zu gut wussten sie, dass auch auf der gegenüberliegenden Weserseite aufmerksame Konkurrenten den Havaristen entdecken würden. Ein Wettlauf um die noch brauchbaren Überbleibsel begann. Die Wremer waren dabei im Vorteil, da sie nach Überquerung der Weser einen deutlich kürzeren Weg durchs Watt bis zur Unglücksstelle zurückzulegen hatten. Doch Hinnerk Siefken, der Tettenser Strandvogt, sollte auch diesmal als Erster sein Anrecht auf den Fund geltend machen. Mit einem Schlickrutscher, auf dem er mit einem Bein kniete, während das andere mit kräftigen Stößen das hölzerne Gefährt vorwärtstrieb, flog er nahezu übers Watt, erreichte als Erster die Unglücksstelle und hatte damit nicht in Zweifel zu ziehende Eigentumsansprüche erlangt. Als er die Hand auf das Wrack legte, war den Wremern klar, dass sie diesmal zu spät gekommen waren. Sie drehten bei und durften sich mit den weit verstreut liegenden und vollgesogenen Torfsoden begnügen.

„Die See hat's genommen, die See hat's gegeben", Hinnerk sprach die traditionellen Worte und in einer anschließenden Stille gedachten die Bewohner des Dorfes der Ertrunkenen. Die Tettenser beratschlagten, wie sie den ansehnlichen Fund in ihren Hafen verbringen konnten. Bei der nächsten Flut würden sie mit drei Lastkähnen an die Unglücksstelle fahren und bei Ebbe alles in die Schuten auf dem trockenen *Sant* verladen. Solch Strandgut hatte es lange Zeit nicht gegeben.

Gesche Lütke und Frerk Bussmann warteten vergeblich auf die Rückkehr der *Ann-Kathrin*. Zunächst hatte der Agent keinen Argwohn geschöpft, da er nichts über die kurze Beladungszeit an der Ems wusste. Auch Gesche wurde erst unruhig, nachdem der Ewer schon drei Tage überfällig war.

„Bussmann, dor stimmt wat nich", war sie ins Kontor gekommen und ließ sich auch nicht beruhigen. Nach drei weiteren Tagen, an denen Gesche jeden Morgen besorgter aufkreuzte, erfuhr Frerk vom Untergang des Ewers. Ein Frachtschiffer, der von Langwarden kommend im Holzhafen von Bremen Fässer lud, wusste zu berichten, dass vor ein paar Tagen in der Wesermündung auf *Cappelmanns Sant* ein Bremer Ewer gestrandet war.

„De *Ann-Kathrin* is ünnergahn. Mit Mann un Muus!"

„Gesche Lütke", führte die Witwe in ihrer kleinen Kate Selbstgespräche, „nu sittst du dormit an. Lett mi de Kerl so eenfach alleen un ik kann sehn, wi dat wieter geiht." Sie hatte eine eigenwillige Art, mit dem Seemanstod ihres Mannes umzugehen. In den schlaflosen Nachtstunden grübelte sie darüber, wie sie die Raten für die Kosten des verlorengegangenen Schiffes zahlen sollte. Eine Unmöglichkeit, die auch Frerk Bussmann bewusst war. Er hatte schon gleich nach dem Verlust des Ewers mit der Werft verhandelt und zunächst einen Aufschub der Zahlungen erreicht.

Das durfte jedoch keineswegs darüber hinwegtäuschen, dass Gesche über kurz oder lang ihr bescheidenes Heim verlieren und kein Zuhause mehr haben würde. Bussmann fühlte sich in der Pflicht und wollte versuchen, Gesche bei sich im Kontor zu beschäftigen. Schließlich war sie eine patente Frau und nicht auf den Mund gefallen. Im hinteren Bereich ließe sich auch noch ein Zimmer einrichten. Recht bescheiden in der Ausstattung, doch das musste erst einmal genügen.

Gesche war dankbar für das Angebot. Das hatte sie nach ihrem ersten Eindruck nicht von Bussmann erwartet. So blieb ihr in den Schummerstunden Zeit, sich von ihrem Lütke zu verabschieden, und oft lag ein Lächeln auf ihren Lippen, wenn sie an die gemeinsamen Jahre dachte. *Seemannsgrab*, ging es ihr oft durch den Kopf, *ja, dass passte zu ihrem Schipper. Schon mit dreizehn Jahren hatte er den festen Boden an Land mit den Schiffsplanken getauscht. Seemannsgrab*, flüsterte sie und zündete eine Kerze an, *wie du es dir gewünscht hast.*

Die Tettenser erfuhren erst einige Tage nach dem Untergang der *Ann-Kathrin* etwas über Schiff und Schiffsführer. An Bord hatten sie nichts finden können, was auf Besatzung und Heimathafen Rückschlüsse ermöglicht hätte. Hinnerk Siefken hatte zwar vermutet, dass die Torfladung nach Bremen unterwegs war, doch Gewissheit erhielten sie erst durch eine Nachricht aus Langwarden. Und nun war vor ein paar Tagen auch noch ein kleines Boot in den Tettenser Hafen eingelaufen. Der Schiffsführer erkundigte sich ausgiebig nach dem Strandgut und konnte schließlich anhand der geborgenen Gegenstände den Ewer einwandfrei identifizieren. Der zersplitterte Besanmast mit dem noch daran hängenden braunen Segeltuch und das Focksegel gaben den entscheidenden Hinweis. In Langwarden, wo Bussmann mit seinen Nachforschungen über den Verbleib der *Ann-Kathrin* begonnen hatte, war er in der Segelmacher Werkstatt auf Bolko Hayessen gestoßen, der ihn über die Verstärkung des Focksegels informiert hatte.

Nach und nach wurde im Laufe der Jahre aus dem Namen *Cappelmanns Sant*, *Lange Lütke* - und dann *Langlütjen.*

„Dor, wo de Ewer dunnemals ünnergahn is“, zeigten die Dorfbewohner mit weit ausholenden Armbewegungen über das Fedderwarder Fahrwasser nach Osten. *„Op Langlütjen“*.

Im Sprachgebrauch der Einheimischen verschwand *Cappelmanns Sant.* Auch die Seekarten aus damaliger Zeit übernahmen den neuen Namen. Bis in die heutige Zeit. *Langlütjensand.*

Das Schicksal des Namensgebers fand kein nachhaltiges Interesse. Man kannte ihn nicht. Er war einer von vielen, die die See nicht wieder freigegeben hatte.

Gesche Lütke erfuhr nie etwas darüber, dass sich der Name ihres Schippers nun sogar auf einer Seekarte verewigt hatte. Sie hätte sicherlich Gefallen daran gefunden.

Eiergrog und Halunken

Im Hafen von Tettens waren die Sieltore weit geöffnet. Die Entwässerungsgräben, die die weiten Wiesen der Marsch durchzogen, spülten bei Ebbe das Wasser in das Fedderwarder Fahrwasser und hielten so die schmale Fahrrinne für Schiffe frei vom Schlick des Wattenmeeres. Auf drei kleineren Lastkähnen warteten schon seit den frühen Morgenstunden die Schipper auf die Genehmigung, auslaufen zu können. Das durften sie allerdings erst, wenn Raymond, der französische Zöllner, das Auslaufzertifikat abgestempelt hatte.

Raymond hatte Quartier bezogen in einem kleinen Haus, direkt gegenüber der Sieltore. Von hier konnte er das Geschehen am Hafen aus dem seitlichen Fenster der Zollstube überblicken. Er hatte sich angewöhnt, in unregelmäßigen Abständen die Fensterluken aufzuklappen. So wussten die Dorfbewohner, dass er im Hause war, und sie wagten es nicht, ihr Schmuggelgut bei helllichtem Tage für die Weiterfahrt zu verladen. Dass hier geschmuggelt wurde, war Raymond nicht verborgen geblieben, auch wenn die Tettenser ihn lachend und mit wohlwollendem Schulterklopfen begrüßten, an Scheinheiligkeit nicht zu überbieten. Alte Schlitzohren.

„Ah, Raymond, vous allez bien? Geiht di dat goot? C'est une belle journée."

Ihr falschen Hunde, murmelte der vor sich hin, um dann radebrechend und gestikulierend zu antworten: „Moin, ji (H)alunken." Aber das sprach er aus wie *alunken*, und die Leute klopften sich auf die Schenkel. „Jo, *alunken*, bien, bien Raymond, *alunken*. Allens klor!"

Seit einiger Zeit nahm Raymond es mit den penibel vorgeschriebenen strengen Kontrollen allerdings nicht mehr so genau wie noch vor einigen Monaten. Da traf er sich oft, überraschend für die Einheimischen, mit Pierre und Fabrice, seinen beiden Zöllnerkollegen. Pierre war zwischen Volkers und Blexen in einer kleinen Hütte direkt am Weserdeich beim Schlachter Hadeler einquartiert und machte sich zur vereinbarten Uhrzeit auf den Weg zum Tettenser Hafen. Fabrice kam von der anderen Seite aus Waddensersiel, wo in einer bescheidenen Gastwirtschaft sein Zollkontor und er in einem kargen Kämmerchen untergebracht waren. Zu dritt durchstöberten sie dann die Häuser und Lagerschuppen am Hafen und verschonten auch nicht die dort liegenden Schiffe.

„Die scharfen Hunde sind unterwegs", wurden die Bewohner meist vorgewarnt, die ihrerseits einen rund um die Uhr besetzten Posten in der Dachstube eines der reetgedeckten Häuser versteckt hatten. So trieben sie ihr Katz- und Mausspiel eine ganze Zeit erfolgreich und schlugen den Abgesandten von Napoleon Bonaparte ein Schnippchen. Als allerdings kurz nacheinander zwei Ballen englischen Tuchs und zehn Pfund Kaffee, im hohen Reet in einer Holztonne versteckt, von den eifrigen französischen Staatsbediensteten beschlagnahmt und vor aller Augen verbrannt wurden, sann man bei den gewitzten Dorfbewohnern auf Auswege. Sie waren noch einmal um eine Anzeige herumgekommen, da direkt Schuldige nicht ausgemacht werden konnten. Zerknirscht zahlte man eine Strafe, die trotzdem verhängt wurde, und schaffte es irgendwie, die gestrengen Zöllner auf einen Eiergrog in die Schänke am Hafen einzuladen.

„Zur Versöhnung", wie es hieß. „Nichts für ungut, Raymond."

„Dor kannst du di up verlaten, Pierre. Wir hätten es gemeldet. Ist nicht von uns!"

„Plus jamais. Hier schlag ein. Meine Hand drauf, Fabrice!"

Mit dem großen Versprechen, von nun an sich nie mehr

an dem gesetzlosen Unternehmen des Schmuggels zu beteiligen. Sie seien doch inzwischen fast Freunde, die sich nicht in Schwierigkeiten bringen wollten. Und was könne man gegen eine angeschwemmte Tonne machen. Reinstes Schmuggelgut, wohl wahr.

„Sans nuos, Raymond. Wi hefft dor nix mit an'n chapeau, comprenez-vous?"

„No difficulties, how ever!" Schließlich seien sie doch feine junge Kerle und machten nur ihren Dienst. Ihr Vorgesetzter, der Lieutenant Commandant aus Großwürden, sei da von einem unangenehmeren Kaliber. „Très malheur, leider, avers, wat wullt du maken? Situation horrible!" Doch sie wüssten das schon einzurichten, dass der Monsieur Lieutenant nichts zu beanstanden hätte.

„Großes Ehrenwort, Raymond."

„A votre santé, Pierre."

„Prost, Fabrice, up diene Gesundheit."

Nach dem vierten Grog war es um die Kontrolleure geschehen. Als dann noch, wie aus dem Nichts, ein französischer Roter, ein Médoc, auf den Tisch kam, wurde anerkennend auf die ferne Heimat angestoßen. Die Zöllner fanden nur in Begleitung den Weg zurück in ihre Betten und wachten erst um die Mittagszeit des nächsten Tages auf. Mit heftigem Kopfschmerz, den die Einheimischen auf den Rotwein zurückführten. Vom Eiergrog konnte so etwas keinesfalls kommen.

„Dat's doch een schieren Kram!"

Nun wurde beschlossen, in den nächsten zwei Wochen die Schmuggelpfade erst einmal nicht zu bedienen, so dass die drei Zöllner bei ihren Inspektionen auch nicht das kleinste Fitzelchen finden konnten. Mit zwei Schiffern vereinbarten sie auffällige Verhaltensweisen bei der Ent- und Beladung ihrer Kähne und freuten sich diebisch, dass Raymond und seine Mitstreiter nichts Verbotenes finden konnten. Es war nichts da. Zur Verstärkung hatten die extra einen Trupp Soldaten aus Blexen angefordert, wohl auch in der Absicht, vor den eigenen Leuten weiterhin als zuverlässige und strenge Zöllner zu gelten.

„Nix to finnen, Raymond“, zuckte Mandus Lammers mit seinen hochgezogenen Schultern.

„Alles Paletti, Fabrice, bruukst nich wieter herumtostöbern, is doch nix to finnen!“

„Ah, Pierre, you look very fine today. Jo, jo, ik weet, wi sünd all tosomen *alunken*“, Paul Ebeling zog seine Schippermütze vom Kopf und verbeugte sich tief. „Je suis een *alunke*“, lachend ging er an Bord seiner *Möwe* und klemmte die Ausfahrtgenehmigung hinter die Kajütenscheibe.

Ob sich nun bei den drei jungen Männern eine gewisse Nachlässigkeit oder gar Resignation wegen der erfolglosen Durchsuchungen einstellte oder ob die durchzechte Nacht mit den Tettensern ein gewisses Schuldgefühl der Komplizenschaft hinterließ, wer mochte das beurteilen? Sollten irgendwelche Unregelmäßigkeiten dem Lieutenant zu Ohren kommen, dann wäre es um sie geschehen, zumal zwischen dem Militär und den Douaniers eine gewisse Rivalität herrschte.

„Ab in die Strafkompanie“, hieß es für gewöhnlich. Und das bedeutete Dienst an vorderster Front als Kanonenfutter. Das wussten auch die Dorfbewohner. Und immer, wenn der feindliche Offizier aus Großwürden zur Inspektion anreiste, funktionierte die Alarmkette. Schließlich wollte man die drei jungen Männer gerne behalten, wer weiß, wer sonst kommen würde. Man wusste, was man an den Burschen hatte.

Die Dörfler kannten die Situation in den anderen kleinen Sielhäfen. In Waddensersiel waren schließlich aus dem Dorf alle arbeitsfähigen Männer verpflichtet worden, dort eine Küstenbatterie aufzubauen. Unter erbärmlichen und elenden Arbeitsbedingungen. So erging es auch den Bewohnern der anderen kleinen Dörfer der Marsch. Unerbittlich wurden sie abkommandiert zu weiteren Überwachungsbauten in Fedderwardersiel, in Eckwardersiel und Blexen. Noch schlimmer erwischte es diejenigen, die eine Küstenbatterie auf den Oberahneschen Feldern, kleinen Inseln am Rande des Jadebusens, errichten mussten. Sie harrten nachts in der winterlichen Bauzeit unter freiem Himmel aus und wurden erst am fünften Tag wieder ans Festland gefahren. Auch nur, um sich nach zwei Tagen Ruhezeit wieder einfinden zu müssen. Da waren die Tettenser noch gut bedient. Den Batteriestandort Blexen konnten sie über den Deich erreichen und nach zwölf Stunden Fronarbeit immerhin für die Nacht ausgelaugt nach Hause zurückkehren. Und, so hieß es allgemein, der dortige Kommandant sei *een nich ganz so scharpen Hund.*

„Nee, wi seggt nix", beruhigend legte man den Zeigefinger auf die Lippen. „Wi swiegt fein still. Von uns kein Wort! Wie sagt ihr? Nous les fermons! Wir halten dicht!"

Nach und nach gelang es den Bewohnern des Dorfes auf diese Weise jedenfalls mit den drei Zöllnern, mit denen sie täglich zu tun hatten, immer wieder ins Gespräch zu kommen. Und ihr Verhalten in kritischen Situationen signalisierte, dass sie den jungen Männern auf keinen Fall in den Rücken fallen würden. Schlimme Nachrichten erreichten die Tettenser aus Eckwarden und benachbarten kleinen Dörfern oder Hofstellen. Hier, in der Nähe der Kasernen, kam es häufig zu Übergriffen. Soldateska drang in die Häuser und verwüstete bei der Suche nach verbotenen Waren das Innere. Ebenso häufig zwangen betrunkene Füsiliere die Bewohner zur Herausgabe von Speck, Butter, Eiern. Die Verpflegung war auch für die Besatzer äußerst dürftig. Manchmal ließen die Okkupanten sich mit selbst gebrautem Bier aus Gerste besänftigen, welches erst mit einem Schuss Sirup und heiß gemacht genießbar war.

In vielen Fällen, wenn es gar zu arg wurde, schaltete man den vom Unterpräfekten des Arrondissements Oldenburg Fredy de Coubertin eingesetzten Bürgermeister, den Maire Theys Wilhelm Francksen ein, um Beschwerde zu führen. Doch nur in den seltensten Fällen reagierten die Besatzer auf die Briefe. Das führte dann bei der Bevölkerung dazu, dass der Bürgermeister selbst in die Kritik geriet. Auf wessen Seite stand der nun? War er gar ein Knecht, ein Handlanger der Besatzer? Wahrlich keine leichte Aufgabe für Theys Francksen, der sich ständig auf einem schmalen Grat bewegte. Hier die Umsetzung der Anordnungen und Befehle der Franzosen, denen er zu gehorchen hatte, dort das immer größer werdende Misstrauen und die an Widerstand grenzenden Verhaltensweisen der Einheimischen. Nach arbeitsreichen Tagen war es oft seine Gemahlin, die am abendlichen Feuer Zuversicht ausstrahlte.

„Dat Allerwichtigste, Theys, erklär den Leuten immer wieder, vor welchem Dilemma du stehst. Vergrab dich nicht in deinem Büreau. Du musst mit de Lüüd schnacken. Und versuch, der Obrigkeit die Folgen dieser oder jener Entscheidung deutlich zu machen. Die Stimmung in den Dörfern ist nicht die Beste."

Immer wieder musste der Maire seine diplomatischen Fähigkeiten einsetzen, um die Menschen zu beruhigen. Er wusste um die rigorose Reaktion der Besatzungstruppen. Vielleicht war es dieses Geschick, das einen Aufstand verhinderte. Ganz sicher waren es aber Angst und Schrecken vor den Missetaten der Besatzer, die die Bevölkerung gefügig machten. Wie sehr es im Untergrund brodelte, sollte sich gegen Ende der Franzosenzeit zeigen. Doch die zeichnete sich zu diesem Zeitpunkt nicht ab.

Eine weitere entscheidende Maßnahme öffnete dem Schmuggel dann doch wieder Tür und Tor. Mandus Lammers hatte gegrübelt und in schlaflosen Nächten darüber nachgedacht. Wie so oft, führten ihn die menschlichen Bedürfnisse und Schwächen auf die rechte Spur. Moralische Bedenken stellten sich wohl ein, immerhin, das hielt er sich zugute, doch zu lukrativ erwiesen sich die Gewinne, die sich mit dem Schmuggelgut einstreichen ließen.

„Thies, der Mensch ist schwach", sagte er zu seinem Nachbarn, dem er sich offenbarte. Ohne Thies würde aus der Sache nichts werden. Er musste sein *„maakt wi"* dazu geben, war er doch im Kirchenrat in Blexen. Dort herrschte eine strenge Auffassung (manche nannten sie hinter vorgehaltener Hand *„alles nur Fassade"* und zwinkerten mit den Augen) und jede moralische Verfehlung würde sofort scharf von der Kanzel abgemahnt werden. Der neue Pastor nahm kein Blatt vor den Mund, obwohl Wilhelm Ahrens ihn gleich zu Beginn provokativ gefragt hatte, wo er denn den Wein fürs Abendmahl hernehme. Das ginge doch wohl nicht mit rechten Dingen zu, Wein von den Besatzern den Gläubigen zuzumuten. Hatten die nicht sogar Kirchen zweckentfremdet und dort Zwangsabgaben gelagert und sie als Pferdestall missbraucht? Wo bleibe da der nationale Stolz? Da hatte er aber in ein Wespennest gestochen. Grußlos ging der Gottesmann fortan an ihm vorbei. Allerdings nicht ohne unangenehme Gewissensregungen. Gut, dass keiner wusste, dass er mit Apotheker Hirsch und Dr. Julius Steffens jeden Dienstag dem Bordeaux aus dem gut sortierten Keller des Quacksalbers zusprach.

„Wi mööt een poor Deerns up de Franzosen ansetten", hatte Mandus Lammers eines Tages im Gespräch mit Thies Bott verlauten lassen.

„Wir sind alle knapp bei Kasse. Die Kontinentalsperre macht uns zu schaffen. Die Kontrollen. Wir können uns ohne den Schmuggel nicht über Wasser halten. Bott, das hast du selbst gesagt."

Mandus war erleichtert, dass sein Gegenüber dieses Ansinnen nicht gleich weit von sich wies. Während man Thies ansah, wie es in ihm arbeitete, (die schweren Steinmauern der St. Hippolyth Kirche zu Blexen schienen förmlich auf seinen Schultern zu lasten) kamen wie zufällig Heiner Martens und Wilhelm Ahrens in die Schankstube und nahmen am Tisch der beiden Platz. Mandus hatte sich ihnen vorher in vertraulichen Gesprächen offenbart. Nun drehte sich das Gespräch schnell um die fehlenden Waren. Wilhelm klagte, dass weder Tee (*unser Nationalgetränk*) noch Zucker, weder Kaffee noch Kakao zu haben waren.

„Alle Regale wie leergefegt, Thies, eine Schande, nur weil die Franzosen Kolonialwaren auf die Verbotsliste gesetzt haben! Und auch die heimlichen Vorräte längst aufgebraucht."

„Der Kröger klagt schon seit Wochen über totalen Nachschubmangel", Heiner Martens haute auf den Tisch, „wi köönt us högen, dat dat överhaupt noch Eiergrog gifft!"

Als genügend davon getrunken war, stimmte Thies dem Plan zu.

„Notgedrungen", wie er mehrfach betonte, „notgedrungen! Ihr alten *alunken.* Wir leben in einer besonderen Zeit, Lammers, da braucht es besondere Maßnahmen."

Man müsse, darüber herrsche hoffentlich Klarheit, nichts an die große Glocke hängen. Er wisse von Nichts.

„Prost, ji Halunken! Notgedrungen!"

Für die drei jungen Franzmänner war der Dienst auf Dauer stupide und langweilig. Es gab keine Erfolgserlebnisse mehr, wenn sie einsam auf den ihnen zugewiesenen zwei Kilometer langen Deichabschnitten patrouillierten, immer hin und her, nur eine kurze *conversation* mit dem Nachbarzöllner, wenn man ihn denn am Wendepunkt traf. Diese Gespräche waren geprägt von Heimweh und Sehnsucht. Wie sehr vermissten sie ihre Liebsten in der fernen Provence. Briefe, in denen sie sich verzehrten nach allem, was sie zurücklassen mussten, waren wochenlang unterwegs. Auf die Antworten wurde ebenfalls Monate gewartet.

Wie ganz anders war zuhause das Klima und die liebliche Landschaft. Besonders in den regen- und sturmreichen Herbstmonaten froren sie hier im Norden wie die Schneider in ihrem bunten Uniformtuch. Das sah zwar *très chique* aus, wie die Mädels fanden, wenn sie ihnen heimlich nachschauten, war aber für das Klima völlig ungeeignet. Und erst der November. Wie hassten sie den diesigen, nebligen Monat, in dem die Schmuggler schon tagsüber Hochkonjunktur hatten und ihnen ein ums andere Mal entwischten. Der Nebel machte sie unsichtbar. Unzählige Male waren sie bei der Verfolgung stecken geblieben und hatten die Orientierung verloren. Einmal entführte der Ebbestrom sie und das kleine Ruderboot bis auf den Langlütjensand, von dem sie nur mit allergrößter Mühe zurück ans Festland kamen. Die schönen Uniformen und Stiefel bis oben hin verdreckt. Dazu die amüsierten Blicke, als sie schließlich die letzten Meter noch durch das von Schlamm aufgewühlte knietiefe Fahrwasser an den Deich zurückkehrten.

Das raue Wetter, die unberechenbare See, das dunkle Watt, tief hatte es sich in ihre Gesichtszüge eingegraben. Die gebräunten Gesichter, bei ihrem Dienstantritt noch beredte Botschafter eines besonders schönen Sommers in der Provence, waren längst einem nichtssagenden Grau gewichen. Bleichgesichter. Der weiten Marschenlandschaft und dem vorgelagerten Wattenmeer konnten sie nichts abgewinnen. Und die Menschen? Sie spürten mit der Zeit eine gewisse Vertrautheit mit den Bewohnern. Doch konnten sie nie ganz ihren Zweifel an der zur Schau getragenen übertriebenen Herzlichkeit und Offenheit abstellen. Untereinander gingen die Menschen anders miteinander um. So genau konnten sie es nicht beschreiben, aber es war zu spüren. Vielleicht ist es so überall auf der Welt, wo Menschen sich zuhause fühlen, wo sie ihre Heimat haben, wo sie aufgewachsen sind und dann plötzlich Fremde mit weniger guten Absichten ihnen begegnen.

Nun erwarteten sie keineswegs, dass sie als Besatzer besonders willkommen geheißen wurden. Sie selbst beteiligten sich nicht an den Exzessen ihrer oft betrunkenen Kameraden aus der Kaserne, von denen sie hörten. In Windeseile sprach sich das in den Dörfern herum und die vorwurfsvollen Blicke und Bemerkungen waren auch für sie nur schwer zu ertragen. Insofern waren sie am Anfang schon sehr überrascht von den Einheimischen, die auf sie zugingen und irgendwie auch liebenswürdig waren. Geradeheraus und gutmütig, bedacht und impulsiv, in einer besonderen Art und Weise dem Meer verbunden und der flachen Marschenlandschaft. Da waren sie nicht anders als die Menschen in der Provence. Und doch fühlten sie ihre Fremdheit, die sich zudem in vielen Gepflogenheiten der robusten Küstenbewohner offenbarten. Nicht zuletzt ihre Freiheitsliebe, mit der sie täglich konfrontiert wurden.

„Lever doot as Sklav“, das ging den Menschen hier schnell über die Lippen. Es weckte in den französischen Zöllnern die Erinnerung an die Jahre der Revolution, die sie freilich nur als Kinder erlebt hatten. Im fernen Paris ging es drunter und drüber, so hörten sie es ihre Eltern und Nachbarn sagen. Köpfe rollten. Von Liberté, Égalité, Fraternité war nach der Machtübernahme von Napoleon nicht mehr viel geblieben. Zwangsrekrutiert fanden sie sich nun hier wieder, im *Département des Bouches-du-Weser*. Das Département 129 des französischen Kaiserreiches, von dem in der Provence noch niemand gehört hatte. Die *Weser* kannten nur die Professeurs de Géographie. Aus dem herrlichen Süden in den äußersten Norden. Dabei konnten sie noch von Glück sagen, nicht im Gemetzel an irgendeiner Frontlinie ihr Leben verloren zu haben.

Und war nicht auch die freudlose Enthaltsamkeit ein stetig anwachsendes Übel? Schließlich waren sie junge Männer und die Liebste zuhause verblasste mit jeder Nordseewelle, die übers öde Watt lief. Daran änderten auch die Liebeschwüre nichts, die Elise, Florence und Madeleine schickten. In Briefen, vom Sergeanten blöd grinsend überreicht, der sich gar nicht erst die Mühe machte zu verheimlichen, dass er alles gelesen hatte. Unappetitlich, wie er die Zunge heraushängen ließ.

Fabrice hatte der Dienstmagd in der kleinen Gastwirtschaft in Waddensersiel schon länger schöne Augen gemacht. Meta, ein Name, den er absonderlich fand und den er sich weigerte auszusprechen. Er nannte sie bei ihrem zweiten Namen, den ihre Eltern ihr in Gedenken an ihre früh verstorbene Großmutter gegeben hatten: (H)ermine. Das wiederum fand Meta nun *„so wat vun sööt."*

„ermine, sag doch noch mal ermine", neckte sie den jungen Zöllner und strich anmutig ihre Locken aus dem rosigen Gesicht. „Darf ich dem (H)errn Leutnant noch etwas bringen? Vielleicht etwas zum Wärmen? Es ist bitterkalt, wenn Monsieur nachher wieder auf Streife gehen muss. Immer bis Tettens auf dem Deich und wieder zurück. Puh, wie langweilig, Monsieur Fabrice! Monoton! Und alle *alunken* ausgeflogen."

Meta wusste, wie sie ihren kleinen Franzosen, den sie um etliche Zentimeter überragte, umgarnen konnte. Zunächst hatte sie sich einen Spaß daraus gemacht, ihn ein wenig zu veräppeln und danach nicht weiter zu beachten, wenn er einen Eiergrog im Stehen an der Theke trank. Doch mit der Zeit suchte sie immer öfter das Gespräch, Sprachunterricht wie sie es nannte, und fühlte sich zu ihm hingezogen. Seit einiger Zeit sah es der Wirt anscheinend ganz gern, wenn sie sich länger mit ihm unterhielt. Noch vor kurzem hatte Cornelius Peters immer darauf bestanden, dass Meta zügig zur Arbeit in Stall und Haus zurückkehrte.

„Schenk em man noch een in, Meta: Soll unser Schaden nicht sein."

Das ließ sie sich nicht zweimal sagen und servierte ein heißes Bier mit Sirup. *Heet un Sööt, Heiß und Süß*, neben dem Eiergrog das begehrteste Getränk in der kleinen Schänke. Und sie freute sich darauf, es ihrem Fabrice zu erklären. *„Heet un Sööt"*, Fabrice. Kannst du dat mol seggen?"

„eet un Sööett, ermine, eißt so?"

„Jo, du sööte Tüffel, *eet un sööt.* Begreifst du das endlich. Genau wie *ermine, moi,* heet un sööt!"

Nun *atte* es auch der Tüffel kapiert, und in dem warmen Federbett von *ermine* flüsterten sie sich berauschende Geständnisse und Zärtlichkeiten zu, die beide nicht in ihre Sprache übersetzen mussten. Ma chérie et mon amour, klang das nicht geheimnisvoller, gar erotischer als mien Leevste or mien Sööten? Hermine war entzückt.

Gerne hätte sie ihrem Leevsten gesagt, dass ihre Liebe weit und grenzenlos sei, wie die Landschaft in Butjadingen, doch das fiel ihr immer zu spät ein und in seiner Sprache konnte sie es ohnehin nicht. Aber spüren lassen, intensiv spüren lassen, dass es so war, das konnte sie und ermine ließ ihrer Leidenschaft freien Lauf.

Cornelius Peters blieb die Turtelei nicht verborgen. Er konnte seinen *Halunken* in Tettens von erfreulichen Entwicklungen berichten, die er noch unterstützte, indem er seiner Dienstmagd großherzig einen weiteren freien Abend gewährte. Allerdings nicht ohne mahnende Worte:

„Meta-Hermine, wees vörsichtig. Wenn auch nur ein Außenstehender von eurer Liebelei erfährt, dann ist es um deinen Fabrice geschehen. Du kennst die Vorschriften."

Als weitere Vorsichtsmaßnahme beschlossen sie gemeinsam, dass Meta nicht mehr in der Gaststube bedienen sollte, wenn der Zöllner dort erschien. Eine Ausrede ließ sich immer finden. Die Tiere im Stall, der Hausputz, die große Wäsche.

„Und, Meta, wir richten dir die Kammer im oberen Flur ganz hinten ein. Dort, wo die alten Stühle und kaputtes Mobiliar und Gerümpel aus der Gaststube stehen. Von dort gibt es doch noch die unbenutzte alte steile Verbindungsstiege zum chambre séparée. Verstehst du?“

Hermine verstand. Mit großem Eifer war das geheime Liebesnest im Nu eingerichtet.

Nun war es an Mandus Lammers und den anderen Halunken, auch für Pierre und Raymond „wat to finnen.“ Wenn alle über den weiteren Fortgang der Besatzungszeit auch nur den Hauch einer Ahnung gehabt hätten, so wären sie wohl untätig geblieben. Wer ahnte denn, dass nach der Flucht des oldenburgischen Herzogs Peter Friedrich Ludwig ins Exil nach St.Petersburg zu den russischen Verwandten die Fronten und Allianzen in Europa sich radikal veränderten. Zar Alexander I. beklagte sich bitter über die Auswirkungen der Kontinentalsperre auf sein russisches Reich, doch Napoleon war versessen darauf, England wirtschaftlich in die Knie zu zwingen. Ein Unterfangen, das wohl einem gewissen Größenwahn und einer Geltungssucht entsprang. Es galt auch, die schmerzliche Niederlage und den Untergang der vereinten französisch-spanischen Flotte in der Seeschlacht von Trafalgar zu revidieren.

Die englische Blockadepolitik gegenüber einigen wichtigen französischen Häfen, die eine Vorherrschaft Napoleons auf dem Kontinent verhindern sollte, erwies sich als großes Ärgernis für dessen ambitionierte Pläne. Er fasste daraufhin den Entschluss, die englische Flotte zu vernichten. In der Seeschlacht von Trafalgar erlitt die vereinigte französisch-spanische Flotte ein totales Desaster. Den Engländern brachte der glorreiche Sieg die absolute Vorherrschaft auf den Weltmeeren.

Zu Land verlief es für die französische Armee erfolgreicher. Nach dem Sieg gegen die Preußen im Jahre 1805 bei Jena und Auerstedt besetzte Napoleon die Küstenländer am Ärmelkanal und marschierte von der preußischen Provinz Ostfriesland aus ins Herzogtum Oldenburg ein. Von dort zog er sich dann aber nach heftigen Protesten des Herzogs und des neutralen russischen Zaren Alexander I. wieder zurück. Lediglich direkt am Küstenverlauf blieben französische Soldaten und Zöllner stationiert, um Kontrolle über die verhängte Handelssperre zu behalten. In diesem Kontingent befanden sich auch die drei jungen Zollbeamten.

Nun, etliche Jahre später, begann der Feldzug der Grande Armeé gegen das Zarenreich und endete in der vernichtenden Niederlage des französischen Kaiserreichs. Zuvor wurden wehrhafte Männer zwangsrekrutiert, auch in den kleinen Küstendörfern. Erbarmungslos hämmerten, bevorzugt in den Morgenstunden, die Gewehrkolben gegen die Türen und Scheunentore und die Füsiliere ergriffen die noch Schlaftrunkenen. Fluchtversuche waren zwecklos. Um Schlimmeres zu verhindern, fügten sich die Männer, die nur zu genau wussten, dass bei Deserteuren den Familien Sippenhaft drohte oder gar das Dach über dem Kopf angezündet wurde.

Auch Raymond, Fabrice und Pierre waren mit einem großen Teil der Soldaten aus der Kaserne schon nach Bremen unterwegs, um von dort weiter nach Osten verlegt zu werden. Meta-Hermine hatte in Trine und Margarete aus Blexen und Volkers Leidensgenossinnen, die um ihre charmanten Liebhaber, ihre chouchous, gemeinsam trauerten. Würden sie jemals wieder die süßen Wörter *ma douce, ma lolita* oder gar *ma petite sirène* hören? Von den Butjenter Burschen eher nicht. Welch Malheur. Ob es nun noch aus den Dörfern jemanden gab, der sie vor alter Jungfernschaft bewahrte? Obwohl man von Jungfernschaft nach den stürmischen Jahren unter den Federdecken wahrlich nicht sprechen konnte. Ihre amourösen Abenteuer würde man dem Zukünftigen wohl besser verheimlichen. Doch nach den rigorosen Rekrutierungen gab es kaum noch Männer im heiratsfähigen Alter. Da müsse man sich auf später vertrösten, wohl oder übel. Im Herbst würden sie auf jeden Fall auf den *Roonkarker Markt* gehen, wo sich die Dienstmägde den heiratswilligen Männern präsentierten, in Konkurrenz standen zu Köchinnen und Witwen, die ihr tristes Alleinsein ebenfalls satthatten. Das ganze Jahr über wurde fleißig vom Lohn etwas zurückgelegt, um die Gaukler, die Musikanten und Tänzer, die Taschenspieler, Zauberer und Wahrsager nicht zu verpassen. Kurzweil und farbenfrohe Kostüme, frivole Sprüche der Marktschreier versetzten die Marktbesucher in Erstaunen. Die drei Butjenter Deerns wollten wohl auf ihre Kosten kommen. Und wenn man den eigenen Lebenslauf betrachtete, war auch ein rüstiger Weetmann, ein Witwer, nicht mehr ausgeschlossen. Beter as gor keen mehr aftokriegen.

In ihrer Stellung waren sie jedenfalls sicher, hatten sie doch die ganze Zeit ihre Lieblinge bei Laune gehalten. Während die sich in den Armen ihrer *Lolitas* vom anstrengenden Wachdienst in die süßesten Träume hinüber schaukeln ließen, ergaben sich für die Halunken günstige Gelegenheiten, das Schmuggelgut unentdeckt an Land zu bringen oder zunächst im hohen Reet zu verstecken.

Paul Ebeling machte in den späten Abendstunden seine *Möwe* im Tettenser Hafen seeklar und lief aus. Wolle und Butter hatte er sorgfältig unter dem Fanggeschirr und den Netzen versteckt. Waren, die er eintauschen konnte.

Das englische Helgoland war Ziel der Seereise. Hier wurden Kaffee und Zucker, Tee, Gewürze, Tabak und englisches Tuch geladen. Annähernd hundert Händler hatten sich auf der Insel niedergelassen und konnten sich über stetig wachsenden Umsatz nicht beklagen. Schiffe aus Hamburg, aus Bremen und kleinen Häfen der oldenburgisch-ostfriesischen Küste sorgten für einen permanenten Transport. Meist wurden die kleinen Konvois auf dem größten Teil des Rückweges von einem bewaffneten englischen Patrouillenboot begleitet, das sie vor dänischen Kaperschiffen schützte. Der im Jadebusen stationierte französische Zollkutter wagte es seit einem Beschuss durch englische Kreuzer nicht mehr, auszulaufen. Da halfen auch die Küstenbatterien nicht als Abschreckung.

Außerhalb der Schussweite dieser Batterien, weit draußen auf dem Langlütjensand, ließ Paul Ebeling seine *Möwe* trockenfallen. Nun musste er nur noch auf eine wolkenverhangene Nacht warten, in der Sterne und Mond sich versteckten. Kurz vor der Hafeneinfahrt, auf dem westlichen Ufer des Fahrwassers, erwarteten ihn schon seine Halunken, die die Fracht schnell in ein kleines Ruderboot umluden, es tief im Schilf vertäuten und an Bord der *Möwe* gingen, bevor Paul im Hafen festmachte. Die Weiterverteilung der heißen Ware würde erst in einigen Tagen erfolgen. Ein erprobtes Ablenkungsmanöver. Die Mägde würden sich, in weite Überhänge gekleidet, der Sache annehmen. Bis Blexen waren sie sicher vor peinlichen Leibesvisitationen, die hatten sie ihren *chouchous* in der schummrigen Geborgenheit ihrer Kammern ausführlich in der Nacht zuvor gestattet.

Leider, auch auf dieser Fahrt hatte man wieder nur ein paar Kisten Butt, kaum Aale und einigen Schellfisch gefangen. Bedauerlich!

„Raymond, kiek di dat an! Sind extra drei Tage länger zum Fischen geblieben. Es ist wie verhext“, Mandus Lammers nahm ärgerlich die Pfeife aus dem Mund und spuckte kräftig ins trübe Hafenwasser. Der Zöllner ließ es sich nicht anmerken, ob er das Manöver durchschaute. Der nun plötzlich wieder vorhandene Pfeifentabak war allerdings ein verräterisches Zeichen. Seit zwei Wochen hatten die Männer Torfbrösel in die Pfeifenköpfe gestopft. Raymond behielt seine Entdeckung für sich. In den nächsten Tagen würde er auffällig hin und her marschieren, sich länger als gewöhnlich im Hafen aufhalten, die Luke des Kammerfensters offenstehen lassen und die *alunken* so zur besonderen Vorsicht zwingen. Ein gewisser Eigenschutzgedanke schien diese Vorsichtsmaßnahme zu rechtfertigen. Überraschender Kontrollbesuch des Lieutenant Commandant war niemals ausgeschlossen.

Voller Vorfreude sah Fabrice den kommenden Nächten entgegen. *ermine* gestaltete sie überraschend vielfältig. Auch daran war zu erkennen, dass Schmuggelgut für Weiterverteilung bereit lag. Wenn er ihr zärtlich gestand, dass er sie längst durchschaut habe, so sagte er es auf Französisch und Hermine glaubte, ihr kleiner Teddybär geriet in Ekstase. Ein nicht zu unterschätzender Aspekt, der das Amüsement der beiden steigerte. Vor allem, weil die bis über beide Ohren Verliebte ihrer blühenden Fantasie freien Lauf ließ.

„Fabrice, was hast du geflüstert? Ach, du sööte Tüffel, vertell mol...“, Meta-Hermine ahnte nicht das Geringste. Ihre Freundin Trine schien die Wissendere zu sein oder gab es zumindest vor:

„Meta-Hermine, dat heet......“ alles weitere flüsterte sie ihrer Freundin aufgeregt kichernd in die dunkelrot anlaufenden Ohren.

Die Ereignisse auf dem europäischen Kontinent hinterließen auch in der Wesermarsch ihre Spuren. Die Niederlagen der französischen Armee, in Russland geschlagen und in der Völkerschlacht bei Leipzig endgültig besiegt, beendete die Franzosenzeit. Mit der Rückkehr des Herzogs, in Oldenburg mit großem Jubel empfangen, war nun auch die staatliche

Souveränität zurück. Die kritischen Stimmen zogen es vor, ihre Meinungen eher zurückhaltend kundzutun. Als ihr Fürst es sich nach seiner Flucht in St. Petersburg gut gehen ließ, waren nicht sie es gewesen, die Untertanen, die unter der Besatzung zu leiden, die Kontributionen zu erfüllen und die Repressalien zu ertragen hatten? Nur wenige der zwangsrekrutierten Ehemänner und Söhne kamen vom Russlandfeldzug zurück.

Die Küstenbatterien wurden abgerissen. Der Bürgermeister Theys Francksen blieb im Amt, wenngleich er sich einmal einer aufgeregten Rotte gegenübersah und das Schlimmste befürchten musste. Die wütende Menschentraube war nur mit Branntwein, Bier und deftigen Butterbroten dazu zu bewegen, nicht alles im Hofe des Maires kurz und klein zu schlagen. Frau Bürgermeister wusste zu beschwichtigen.

So endete die Kontinentalsperre, der *blocus continental*, in Butjadingen. Er blieb jedoch lange im Gedächtnis der Menschen präsent. Schmuggelei war kein lohnendes Geschäft mehr. Die lukrativen Einnahmen fielen weg, die Schiffer aus den kleinen Sielhäfen begnügten sich mit den geringen Frachtraten für die Torfladungen aus den ostfriesischen Mooren um Elisabethfehn und Westrhauderfehn. Paul Ebeling fuhr mit seiner *Möwe* nicht mehr nach Helgoland, er landete wieder Butt und Aal an, wie es auch schon seine Vorfahren über einen langen Zeitraum gewohnt waren.

Die Besucher des *Roonkarker Marktes* schäumten über vor Lebensfreude. Endlich das Joch abgelegt. In der September Festwoche brachten vergnügliche Stunden und Tage Leichtigkeit und Unbeschwertheit unter die Leute. Am traditionellen „*Köökschendaag*“ knüpften die drei Schmuggler Helferinnen neue, verheißungsvolle zarte Bande. Keinesfalls abgeneigt, dem Zukünftigen an ihrem Erfahrungsschatz teilhaben zu lassen, wenngleich sie in ihren Erzählungen untereinander ein wenig wehmütig feststellten, dass die Maße der provencalischen Burschen exakt den Idealproportionen eines Mannes ihrer Vorstellungswelt entsprachen. So etwas war hier auf dem Markt nicht zu finden. Die noch zu Habenden mit ihren wettergegerbten Gesichtern und breiten Schultern waren nicht die geborenen Charmeure, eine gewisse bodenständige Qualität war jedoch nicht zu verachten. Aber, was kann man schon gegen seine Träume machen? C'est la vie.

Und die französischen *Douaniers*? Diese maßgeschneiderten prächtigen Mannsbilder des Südens? Manchen Kilometer auf der Deichkuppe zwischen Waddensersiel und Blexen hatten sie zurückgelegt. Bei Wind und Wetter auf dem Trampelpfad, wie die Hammelherden.

Pierre und Raymond verloren im Kampf für ihren Kaiser ihr junges Leben in der russischen Schnee- und Kältewüste.

Fabrice schaffte mit abgefrorenen Zehen den langen Weg zurück in die Heimat. Dort erzählte er im Schatten der blühenden Mimosenbäume von seinen Erlebnissen im *Departement des Bouches-du-Weser* und bemühte die drastische Erzählung *Plinius des Älteren*, um seine eigene Schilderung zu bereichern.

... Mit ungeheurer Wucht überflutet der Ozean im Zeitraum von Tag und Nacht ein unermesslich weites Land; er bedeckt eine mit Natur ewig im Widerstreit liegende Fläche, und es ist zweifelhaft, ob diese zum Festland gehört oder ein Teil des Meeres ist. Dort wohnen sie, ein armseliges Volk, auf hohen Halligen oder auf künstlichen, der erfahrungsgemäß höchsten Flut angemessenen Dämmen, auf denen ihre Hütten stehen; Seefahrern ähnlich, wenn die Wassermassen alles bedecken, Schiffbrüchigen aber ähnlich, wenn die Flut zurückgetreten ist ...

Von ungewöhnlichen Getränken, dem *Eiergrog* und dem *Heet un Sööt*, wusste Fabrice zu berichten. Das rief Kopfschütteln und Erstaunen bei seiner Zuhörerschar hervor.

„Nun schwindelst du aber, Fabrice. Egal, sei's drum.
A votre santée!“

Der einheimische Rote, ein Châteauneuf-du-Pape eines besonders feinen Jahrgangs, schmeichelte den Gaumen. Leicht nussig im Abgang mit einem Hauch von Brombeeren.

Ein berauschender Blütenduft begleitete vom Frühjahr bis in den Herbst hinein die Müßiggänger. Umgeben von Weinreben und Olivenbäumen, von Rosmarin und Lavendel werden zweihundert Jahre später die Touristen hier ihren Sehnsuchtsort finden und ihre Seelen baumeln lassen.

Nichts erinnert mehr an das Schicksal der französischen Zöllner im fernen Butjadingen, wo *Eiergrog* und *Heet un Sööt* längst in Vergessenheit geraten sind.

Preußens Gloria

Noch immer ragte die Insel nicht aus den Fluten. Die See hatte den ehemaligen *Cappelmanns Sant* im Laufe der Jahrhunderte durch Ablagerungen in der Höhe weiter anwachsen lassen, doch das normale tägliche Hochwasser überschwemmte ihn jeden Tag um gut zwei Faden. Die mächtigen Priele durchzogen den Rand des Sandes und verhinderten mit der großen Abflussgeschwindigkeit bei Ebbe eine weitere flächenmäßige Ausdehnung. Wie verzweigte Lebensadern durchzogen sie mit ihren immer schmaler werdenden Verästelungen das Wattenmeer. Hier tummelten sich Butt und Aale, die sich im Schlamm einbuddelten und auf die nächste Flut warteten. Aufgeschreckt gelegentlich durch Frauen, die breite Netze, die an Holzgestellen befestigt waren, durch das seichte Wasser der Priele schoben, um Krabben einzufangen. In Salzwasser gekocht nahmen sie schnell eine rötliche Färbung an und waren neben der Eigenversorgung auch eine bescheidene Einnahmequelle. Zwei Kriege mit Dänemark hatten entscheidenden Anteil am Reifeprozess und die schmerzlich empfundenen strategischen Nachteile in der Bewachung der Flussmündungen von Weser und Elbe.

Wer konnte zu dieser Zeit, der Kalender zeigte an, dass die Hälfte des 19.Jahrhundert überschritten war, auch nur ahnen, dass die Insel sich bald über den Langlütjensand erheben würde? Zunächst musste der Gedanke an sie noch in den Köpfen der preußischen Entscheidungsträger reifen. Wie in manchen Fragen der Vergangenheit und der Gegenwart war die Ingenieurskunst gefragt. Die Militärs preschten mit strategischen Überlegungen voran. Kühn und beseelt von der Machbarkeit, die keinen Augenblick in Frage gestellt wurde. Ein einfacher Befehl reichte aus, mögliche Gedanken an ein Scheitern zu verbannen. Doch noch war es nicht so weit.

Im landwirtschaftlich geprägten Butjadingen war nach der Franzosenzeit das Aufatmen nur von kurzer Dauer. Die französischen Gesetze blieben zunächst in Kraft, auch die eingesetzten Bürgermeister im Amt. Frau Maire nannte sich nun wieder Frau Bürgermeister, musste die ein oder andere Schmähung allerdings über sich ergehen lassen. Nicht alle hatten ihr die Franzosenjahre verziehen, dazu war sie trotz geschickter Diplomatie zu oft an Verwicklungen beteiligt gewesen. Genaugenommen ihr Mann, was nichts daran änderte, dass auch sie in die Schusslinie geraten war.

Neue Gebietsaufteilungen in der Verwaltung wurden vorgenommen, an deren Spitze der Kirchspielvogt stand. Und der Herzog? Man ahnte, dass ein gewisser Nachholbedarf zum Füllen der leeren Kassen bestand. Nur unverbesserliche Illusionisten dachten anders.

Im fernen Wien entschied der Kongress, das Volk sei angemessen an der Regierung zu beteiligen. Ein freiheitlicher Gedanke, der dahintersteckte? Vielleicht schon die zukünftigen Ereignisse voraussehend? Die Märzrevolution von 1848, davor die Aufstände der Weber in Schlesien und die Unzufriedenheit des Volkes, das endlich mitbestimmen wollte? Die Verwirklichung ließ auf sich warten und war nicht von Dauer. Die Reaktion der Fürstenhäuser erfolgte mit der Niederschlagung der freiheitlichen Bewegung. Die alten Herrscher hatten wieder alles im Griff, saßen fest im Sattel.

Realität war auch ein horrender Konjunktureinbruch, der die Menschen traf. Preise für Agrarprodukte sanken um die Hälfte. Bodenpreise und damit eng verbunden die Pachtpreise rutschten steil bergab. Grundabgaben, Kosten für die Instandhaltung der Deiche und der Gebäude waren höher als eine zu erzielende Pacht. Die Grundeigentümer hatten den Pächtern Zahlungen zu leisten. Verkehrte Welt. *Nich to verstahn! Wo kann't angahn?* Auf die mit einem gewissen Galgenhumor gestellte Frage, was denn weniger wert als nichts sei, gab es die lapidare Antwort:

„Eine Hofstelle in Butjadingen! Dor müsst noch wat togeven!"

Es herrschte große Not. Wieder einmal.

Nur langsam begann sich die ökonomische Situation zu entspannen. Da sorgten die nicht weit entfernten Herzogtümer Holstein und Schleswig für schwierige, besorgniserregende Zeiten. Zwar hieß es in einer alten Urkunde von 1460, dass die beiden Länder „up ewig ungedeelt" (auf ewig ungeteilt) sein sollten, doch dänische Nationalliberale strebten eine Vereinigung Schleswigs mit Dänemark an. Das wiederum wollte die schleswig-holsteinische Bewegung nicht hinnehmen. Krieg war die Folge.

Die dänische Flotte sperrte mit ihren überlegenen Schiffen die Zufahrt zu Weser und Elbe mit einer großräumigen Blockade nahe dem englischen Helgoland ab. Mit dem seinerzeit modernsten Kriegsschiff gelang es der dänischen Marine ohne Mühe, die Häfen von Bremerhaven, Bremen und Hamburg vom Warenstrom abzuschneiden. Admiral Brommy, schillernder Oberbefehlshaber des deutschen Flottenverbandes, zu großen Teilen in Brake an der Unterweser stationiert, wagte trotzdem eine Erkundungsfahrt gegen die Blockadeschiffe. Mit der *Dampffregatte Barbarossa* und den *Dampfcorvetten Hamburg* und *Lübeck* lief er zur Erkundungsfahrt aus, die aber nach kurzem Scharmützel abgebrochen wurde. Zwei Matrosen aus Tettens, die Söhne von Mandus Lammers, berichteten nach ihrer Rückkehr von dem „Seegefecht".

„Twintig Kanonenschööt hefft wi afgeven un sünd denn bidreiht", erzählten sie der versammelten Thekenmannschaft. „Prost, över een gooden Eiergrog geiht doch nix!"

Mit dem Rückzug nach Bremerhaven endete diese Episode. Kurz darauf, die Kriegsgegner hatten Frieden geschlossen, wurde die Flotte des Deutschen Bundes gar aufgelöst, die Schiffe versteigert.

Hätte man den Deutsch-Dänischen Krieg von 1864 vorausgesehen, wäre das wohl unterblieben. Nun verhielt sich auch das Großherzogtum Oldenburg nicht mehr neutral. An der Seite Preußens und Österreichs wurde die dänische Armee besiegt. Nach Streitigkeiten unter den ehemals Verbündeten Preußen und Österreich, die im *Bruderkrieg* endeten, siegten die Preußen, und die ehemaligen Herzogtümer Schleswig und Holstein wurden preußisches Staatsgebiet.

Die Wesermündung war linksseitig ungeschützt. Experten reisten an, um einen geeigneten Standort für ein Küstenfort zu finden. Der Hauptstrom der Weser, der sich weiter nach Osten ans Wurster Ufer und nach Bremerhaven hin verschoben hatte, musste seewärts vor feindlichen Schiffen gesichert werden. Das hatten die Erfahrungen mit der Kontinentalsperre und der Blockade durch die Dänen gezeigt. Und dann waren da noch die Engländer, die eifersüchtig darüber wachten, dass ihre Flottenhoheit auf den Weltmeeren unangetastet blieb. Längst spukte in den Köpfen der zukünftigen Admiralität der Großmachtstraum des späteren Kaisers Wilhelms II.:

„Meine Herren, das Deutsche Kaiserreich braucht eine schlagkräftige Flotte!"

So schickte sich seine Majestät König Wilhelm I. von Preußen an, dem Schutzbedürfnis der Anliegerstädte Bremerhaven, Bremen und Brake Genüge zu tun. Dazu wurde die Grenze zwischen dem Großherzogtum Oldenburg und Preußen auf der Unterweser bei Blexen neu festgelegt. Das Großherzogtum Oldenburg besaß im Geheimen Hofrat Theodor Erdmann einen erfahrenen Verwaltungsbeamten. Hatte der doch wenige Jahre zuvor in einem über 150 Jahre währenden Erbfolgestreit zwischen dem Großherzogtum und den umstrittenen Erben über die Herrschaft Kniphausen und Varel, der Familie Bentinck, erfolgreich eine Beendigung des Streits erreichen können. Für die nicht unbeträchtlichen finanziellen Mittel von zwei Millionen Taler für die Beilegung der Auseinandersetzung, kam es dem Großherzog gerade recht, ein über 300 ha großes Areal an den preußischen Staat zu verkaufen. Die Experten auf preußischer Seite hatten dieses Gebiet ausgekundschaftet, da nur hier sich die Möglichkeit bot, einen Tiefwasserhafen mit direktem Zugang zur Nordsee neu zu bauen. Wilhelmshaven wurde gegründet und entwickelte sich zu einem wichtigen Stützpunkt der späteren Reichsmarine.

Doch nun ging es um den Langlütjensand. Zwei nahezu identische Küstenbatterien zum Schutz der Wesereinfahrt sollten diese Aufgabe übernehmen. Dazu war eine Regulierung der Grenzen zwischen Oldenburg auf der linken Weserseite und Preußen auf der gegenüberliegenden Seite des Flusses notwendig. Bremen, administrativ zuständig für Bremerhaven, war gebietsmäßig nicht involviert.

Für Preußen war es der Ministerialdirektor Friedrich von Thünen, der mit dem auf oldenburgischer Seite entsandten Oberdeichgrafen Hans Christoph Peters in Verhandlung trat. Die beiden Herren waren sich schnell sympathisch und fanden nach den ersten Gesprächsrunden zum vertraulichen Du. Vielleicht ein geschickter Schachzug des königlich preußischen Beamten, der seinem Gegenüber eine respektvolle und anerkennende Haltung signalisierte. Eine Begegnung auf Augenhöhe. Allerdings vereinbarten sie, diese Anrede nicht im Beisein anderer Beteiligter zu benutzen. Da blieb es beim höfisch steifen Protokoll.

„Friedrich“, machte der Oberdeichgraf Peters eines Tages den Vorschlag, „überzeuge deinen Wilhelm, dass die ganze

Sache schnell zum Abschluss kommen kann, wenn zweihunderttausend Taler obendrauf gelegt werden!“

Die Verhandlungen waren auf der unteren Beamtenebene ins Stocken geraten und erforderten nun den energischen Einsatz der beiden Führer. Inzwischen standen sie unter einem gewissen Zeitdruck. Die adligen Herrscher hatten sich ungehalten darüber geäußert, dass noch kein Ergebnis vorlag.

„Hans Krischan“, von Thünen benutzte den von sich aus abgewandelten Namen des Oberdeichgrafen und hatte den folgenden Satz extra auf Plattdeutsch einstudiert, „Hans Krischan, wi enigen us op Hunnertdusend und denn löppt sik allens trecht! Ik heff den Champus all mitbröcht!“

So geschah's und der Vertragstext wurde gegengezeichnet.

„Von der Blexer Hörne ab läuft die Grenze in der Höhe der gewöhnlichen Ebbe am östlichen Ufer des Oldenburgischen Festlandes entlang, bis sie eine vom Blexer Kirchthurm nach dem Bremerhavener Leuchtthurm zu ziehende Linie schneidet, und dann weiter an der östlichen Seite des Langlütjensandes bis zu einer vom Wremener nach dem Langwarder Kirchthurm zu ziehenden geraden Linie.“

Wie konnten der großherzogliche Oberdeichgraf und der königliche Geheime Rat nun doch so schnell zu einer Einigung kommen? Das war eine Frage, die die nachrangigen Mitglieder der Kommission sich schulterzuckend stellten. Sie waren während ihrer Verhandlungsrunden zum Teil heftig aneinandergeraten. Die Stimmung am Verhandlungstisch war eisig. Keiner kam indes auf die Idee, dass die beiden Chefs ein wenig Grenzverschiebung im Geheimen ausgetüftelt hatten, die einerseits eine höhere Forderung erlaubte und gleichzeitig dem preußischen Staat ein wenig mehr Wattengebiet zugestand.

Das alles ließ sich in der Wirtsstube des *Goldenen Ankers* zu Tettens, im chambre séparée, bei einem ausgezeichneten Médoc und kross gebratener Gans vorzüglich besprechen, zumal der Großherzog wieder einmal in Geldnöten war und der preußische König die notwendige Wehrhaftigkeit eines bedeutenden, aufstrebenden Staates nie aus dem Auge verlor. Da waren die Hunderttausend Taler letztlich nur Brosamen.

„Hefft wi dat nich fein henkreegen, Euro Exzellenz?“, der Oberdeichgraf erhob fast ein wenig übermütig den funkelnden Kristallkelch und der gut gekühlte Champagner besiegelte die kleine unentdeckte Verschwörung von Hans Christoph und Friedrich von Thünen. Die Kommissionsmitglieder applaudierten dem erfolgreichen Duo.

Mit den weiteren Planungen mussten sich nun andere Fachleute beschäftigen. Kompetente Wasserbauinspektoren, Wasserbaudirektoren und Ingenieure reisten an. Bezogen in Geestemünde Quartier und untersuchten die Bedingungen vor Ort, die das Wattenmeer und die Strömungsverhältnisse der Weser und des Fedderwarder Fahrwassers vorgaben.

Eine folgenschwere Entscheidung für die kleinen Sielhäfen fiel einmütig aus. Durch eine *coupure*, einen Einschnitt im Fedderwarder Fahrwasser bei Volkers, würden die Häfen verschlicken und das bisherige Leben in den beschaulichen Hafendörfern grundlegend verändern. Das war den Ingenieuren von Anfang an klar, wurde in offiziellen Stellungnahmen aber bewusst verschwiegen. Man wolle, so ein Wasserbaudirektor in internen Anweisungen, keine schlafenden Hunde wecken. Die Küstenbewohner konnte man allerdings nicht täuschen. Alle Beteuerungen der amtlichen Fachleute vermochten sie nicht zu überzeugen. Vielmehr brachten die Beschwichtigungsversuche die Anwohner in Rage. Sie protestierten gegen die weitreichenden Veränderungen und Eingriffe in die Strömungsverhältnisse. Ihre Existenzen waren bedroht.

„Das Große und Ganze, der Schutz unseres Landes steht über allen Entscheidungen“, Wasserbaudirektor Dincklage und Ingenieur-Major Hubertus von Hirsch wurden nicht müde, die Notwendigkeit des Baus der Küstenforts zu betonen. Im Übrigen seien sie nicht die politische Instanz, die hier etwas zu entscheiden hätten. Da sollten sich die Anwohner doch bitte sehr an das großherzogliche Amt in Oldenburg oder das preußische Staatsministerium wenden.

In Tettens musste der Hafen schon frühzeitig ein Stück weiter weseraufwärts verlegt werden, weil das marode Sieltor und damit die Entwässerung unter dem Deich zugeschüttet wurde. Das hatte zur Folge, dass innerhalb weniger Jahre die Lotsenvereinigung, die bisher hier ihren Sitz hatte, nach Federwardersiel und Blexen verlegt wurde. Zahlreiche Händler und Handwerksbetriebe orientierten sich zwangsweise ebenfalls neu, denn kein Schiff konnte mehr in den alten Hafen einlaufen. Dieses Schicksal sollten die anderen Sielhäfen einige Jahre später teilen: Das ehemals strömungsstarke Fedderwarder Fahrwasser verschlickte. Der Blexer Hafen wurde zugeschüttet, Burhaversiel und Waddensersiel mussten aufgegeben werden, der allgegenwärtige Schlick vertrieb die letzten Fischer. Heute ist nur Fedderwardersiel als kleiner Kutterhafen erhalten, kämpft aber mit dem Problem des immer geringer werdenden Tiefgangs für die Boote der Krabbenfischer und Freizeitsegler.

Das kleine Wurtendorf Tettens mit ehemals fast zweihundert Einwohnern, die von drei Gastwirten, zwei Kaufleuten und Bäckereien, zwei Schustern und Schneidern versorgt wurden, beherbergte außerdem vier Fischer mit ihren Kuttern und einen Schmied. Der wiederum fand genügend Arbeit auf den acht Hof-, neun Köter- und zwölf Warft Stellen. Der rege Schiffsverkehr im Hafen sorgte für beständige Nachfrage der angebotenen Leistungen, sicherte den Einwohnern ein bescheidenes Auskommen. Dazu hielten die Leute in ihren reetgedeckten Häusern, deren Dächer bis weit nach unten gezogen waren, in angebauten kleinen Ställen und Schuppen Viehzeug. Schweine, Schafe, Ziegen und Hühner, selten mehr als eine Kuh sorgten für einen ausreichenden Lebensunterhalt. Große Sprünge waren damit allerdings nicht zu machen. In den langgezogenen Gärten, die durch die Höhe der Wurt meist nach Westen schräg abfielen, wurde Gemüse jeglicher Art angebaut. Die Witwe Tina Tedsen ruderte einmal in der Woche über das Fahrwasser nach Geestemünde und brachte Butter, frisch geschlachtete Hähne und Ziegenkäse. Sie kam nicht selten mit Waren zurück, die sie auf eigene Rechnung an die Schiffer verkaufte. Solche Geschäfte tätigte sie eher im Stillen, wusste sie doch um die Empfindlichkeiten der heimischen Krämer, mit denen sie es sich nicht verderben wollte. In dem Wirt der Hafenkneipe hatte sie einen verlässlichen Partner, der in Gesprächen mit den Besatzungen der im Hafen liegenden Schiffe schnell herausfand, was gebraucht wurde. Entdeckte Tina am hinteren Ausgang der Schänke, den sie von ihrem Küchenfenster einsehen konnte, einen roten Lappen, wusste sie Bescheid. Ein Vorwand, die Kneipe zu betreten, ließ sich leicht finden. Sonst schickte es sich nicht für die Frauen des Dorfes, in den Schankraum hineinzugehen. Nur einmal im Jahr, kurz vor Weihnachten, lud der Wirt zum traditionellen Grünkohlessen ein, für das die Bauern der großen Hofstellen ein frisch geschlachtetes Schwein stifteten.

Tina war eine der drei Witwen, die im Dorf wohnten. Ihre Männer waren von See nicht wieder zurückgekehrt, als sie einen wagemutigen Rettungseinsatz mit ihrem kleinen Lotsenboot nicht überlebten.

„Sünd all versoopen, Mann un Muus. Nix mehr bi to maken“, schreiend lief der jüngste der Rettungsmannschaft, Hinnerk Lürssen, durchs nächtliche Wurtendorf. Er hatte sich als einziger retten können. An ein leeres Heringsfass geklammert und an einem um den Brustkorb gebundenen Seil hatte er es bis zur Ebbe lebend ausgehalten und war dann durchs Watt taumelnd an Land gelangt. In den Nächten musste fortan seine Mutter Anna-Margreth oft an seine Lagerstatt treten, wenn er wie wild um sich schlug und das Unglück wieder und wieder im Traum erlebte.

„Hinnerk, is jo good. Du büst tohuus." Nur mit Mühe gelang es ihr, den Tobenden zu wecken und zu beruhigen.

Im Gegensatz zu Hilda Addicks und Gerhardine Lübbers war Tina keine zweite Ehe eingegangen, sondern versorgte sich und ihre drei Kinder aus eigener Kraft. Im Sommer verdingte sie sich auf den Feldern der Hofbauern, jede Hand wurde gebraucht. Sie haderte nicht mit ihrem Schicksal, in jeder Generation ihrer Familie waren immer wieder Männer auf See geblieben. Ihrer Großmutter war es nicht anders ergangen, ihr Mann kam von einer Walfänger-Reise nicht wieder zurück.

Die Lotsenbrüder, die die Schiffe von Helgoland bis Rodenkirchen, Brake oder gar Bremen und Hamburg sicher durch die Untiefen des Watts brachten, waren wohlhabende und angesehene Dorfbewohner. Oberlotse Ricklefs, ein wortgewandter tüchtiger Seemann, wusste sich und seine Oldenburger Kollegen gegen die Bremer Konkurrenz lange zu behaupten. Gegen die mächtige See waren allerdings auch sie oft machtlos. Die Familie Ricklefs verlor viele ihrer Männer auf See. Dieses Schicksal teilte sie mit anderen Familien der Lotsenbrüder. Manch Bericht sorgte in der Hafenschänke für Gänsehaut, wenn auch die Überlebenden einer Schiffskatastrophe die Dramatik des Erlebten gelegentlich in ihren Erzählungen übertrieben.

Im Falle der Hamburger Bark *Sünnschien* gab es nur vage Vermutungen, die den Verlauf eines Schiffsuntergangs dokumentierten.

Mit einer Ladung von 16.000 Sack Reis kreuzte die *Sünnschien*, nach 155 Tagen von Bangkok kommend, vor der Wesermündung. Die Ladung sollte in Geestemünde gelöscht werden. Querab vor Norderney war der Lotse Hinnerk Döscher an Bord gegangen, um die gefährliche Route durch das Seegebiet der Deutschen Bucht zu bewältigen. Christian Ricklefs, einer der Weserlotsen, wurde dann vor Wangerooge vom Lotsenschoner an Bord geholt. Der zunächst noch mit mittlerer Windstärke westliche Wind frischte mächtig auf, so dass die Bark den südlichen Kurs nicht halten konnte und Ricklefs das Einlaufen in die Wesermündung abbrach, das Schiff drehte und wieder seewärts fuhr. Die Besatzung des Weser Feuerschiffes konnte später vor dem Seeamt in Hamburg berichten, dass innerhalb kürzester Zeit der Wind auf Nord-West drehte und sich zum Sturm mit Windstärken von 9-10 entwickelte. Die Bark sei dann aus der Sichtweite getrieben worden, offensichtlich wollte der Lotse auf bessere Einlaufbedingungen warten. Dann sei der Sturm wieder auf Süd-West gedreht, habe an Stärke eher noch zugenommen.

Als die *Sünnschien* auch nach 5 Tagen nicht wieder in der Wesermündung aufkreuzte, wurde die Hoffnung aufgegeben, sie könne den Sturm überstanden haben. Die Weserlotsen meldeten schließlich drei Tage vor dem Weihnachtsfest, dass sie etwa 16 Seemeilen Nord-West vom Weser Feuerschiff drei Masten einer Bark, die aus dem Wasser ragten, entdeckt hätten. Sie gehörten zur Bark *Sünnschien*. Am Strand von Wangerooge fand der Strandvogt einen Öltuchseesack mit den Initialen Chr. R. Alle Besatzungsmitglieder und die beiden Lotsen fanden den Tod. Lotse Hinnerk Döscher hinterließ Frau und sieben Kinder, Christian Ricklefs Frau und sechs Kinder.

Und doch fuhren die Lotsen jeden Morgen hinaus bis auf Höhe des heutigen Hohe Weg Leuchtturms und warteten dort in der kleinen Lotsenjolle auf die einfahrenden Schiffe, sei es eine Brigg, eine Galiote, ein Schoner oder gar ein Vollschiff. Eine alte Lotsenverordnung verpflichtete alle Mitglieder der Lotsenvereinigung. Und Verpflichtungen nahmen die Seeretter ernst, da konnten nicht einmal die Ehefrauen bei Sturm sie zurückhalten. Ölzeug und lange Seeschäfter an, den Südwester auf und dann in die tobende See, so hatten sie es unterschrieben.

„Müssen alle Lootsen, mit einem sich selbst anzuschaffenden und zu haltenden Fahrzeug den zu belootsenden Schiffen in der Weeser entgegen, und nach deren Ausfluß, auch mit hohen, und darauffolgenden abfallenden Wasser, sofort ab- und so weit als ihnen bey der Ebbe zu kommen möglich, entgegen fahren...und die ankommenden Schiffe aus der See erwarten...

Von dieser Pflicht muß sie nichts abhalten, sondern täglich geschehen, und sie weder Sturm noch Gefahr fürchten, zumalen sodann die Schiffe am meisten in Verlegenheit gerathen, bloß der Eißgang im Winter und dadurch veranlasste gänzliche Unmöglichkeit wird ausgenommen, jedoch ihnen auch in diesem Falle aufgegeben, daß sie fleißig vigiliren (wachsam sind), *und wann sie ein aus der See kommendes Schiff gewahr werden, auf alle menschenmögliche Art, und auch mit der grössesten Arbeit Anstalt vorkehren, daß sie dem Schiff zu Hülfe*,... und solches in Sicherheit komme...“

Die Frauen wussten um die Gefahren, in die ihre Männer jeden Tag geraten konnten. Die Kinder lernten es schnell, wenn sie bei stürmischer See mit ihren Müttern auf dem Deich standen und die mächtigen Wellen von der tobenden See an den Deich geschleudert wurden. Fest hielten sie sich an den Händen, und die Angst der Mütter bemächtigte sich auch der Kinder. Es erschien ihnen unfassbar, dass die Lotsenbrüder diesem Inferno entkommen konnten, bebte doch der Boden des Deiches unter ihren Füßen, als würde im Untergrund ein Vulkan ausbrechen.

Es gab nur ein anderes Ereignis, welches die Kinder ebenso in Angst und Schrecken versetzte. Das waren die schweren Gewitter nach einem heißen Sommertag. Eine undurchdringliche schwarze Wand zog auf, grelle Blitze und die immer näherkommenden Donnerschläge ließen die kleinen Reetdach-Katen in ihren Grundfesten erzittern. Die Angst, einer dieser Blitze könne das Haus im Nu durch Feuersbrunst vernichten, war um so berechtigter, als dass in jedem Jahr Häuser, Bauernhöfe und Windmühlen lichterloh brannten. Solche Erlebnisse hinterließen tiefe Spuren und einen großen Respekt vor den Naturgewalten.

Glückte eine spektakuläre Rettungsaktion auf See und die Väter erreichten mit der geretteten Schiffsbesatzung den sicheren Hafen, zeigten sich die Landesfürsten großmütig und verliehen den mutigen Männern Auszeichnungen. Vom preußischen König gab es gar den *Roten Adlerorden*. Im *Goldenen Anker* wurde erleichtert der heiße Punsch gereicht und in den Ehebetten ein neuer Seemann gezeugt.

Einer dieser jungen Seemänner, Steuermann Friedrich Hermann Ricklefs, umrundete später auf dem zum Schoner umgebauten Kutter *Pfeil* Kap Horn unter dem Kapitän Hinrich Rothfos. Mit nur fünf Besatzungsmitgliedern verschifften die Männer Stückgutladung, hauptsächlich Ausrüstungsgegenstände für die Honolulu anlaufenden Südseewalfänger. Ein gutes, lukratives Geschäft, wenn man denn unversehrt die Stürme überstanden und das Kap umsegelt hatte. Das gelang dem wagemutigen, tüchtigen Kapitän und seinem Steuermann. Nach langer Reise erreichten sie den Bestimmungshafen. Von dort fuhren sie allerdings nicht an die Weser zurück. Drei Jahre pendelten sie unter Bremer Flagge zwischen den kleinen Häfen der Sandwichinseln. Von Honolulu nach Maui, Molokai, Kauai und Hawaii, beladen mit Kolonialprodukten: Zuckerrohr, Reis, und Edelholz. Dann wurde das Schiff ausgeflaggt und fuhr unter hawaiianischer Flagge noch viele Jahre. Die ursprüngliche Besatzung kam erst nach fast vier Jahren zurück in die Heimat, als Passagiere einer seetüchtigen Dreimast Bark. Ein Wunder für die Familien, die ihre Angehörigen längst auf dem Grund der See wähnten.

Detmar Bohlsen, der Schiffszimmermann, war nicht mit auf die Rückreise gegangen. Eine junge Südseeschönheit hatte ihn erobert. Seine hawaiianische Frau *Aolani,* die *schöne himmlische Wolke*, hatte ihm drei prächtige Töchter geboren, deren Namen den inneren Wandlungsprozess des Butjenters in der Fremde erkennen ließen. Seine Erstgeborene *Kaimana* erinnerte noch an den ursprünglichen Beruf des Schiffszimmermanns, der seit seinem 15. Lebensjahr zur See gefahren war: *Kai*, der Ozean oder das Meer und *Mana*, die Kraft oder Magie. *Kaimana*, wenn er den Namen hörte, so erschien mit dem Lächeln des kleinen Kindes sogleich die ganze Freundlichkeit, die unbeschwerte Fröhlichkeit und auch die Sanftmut der hier lebenden Menschen. Seine beiden anderen Töchter, *Alaula, Licht der Morgenröte*, und *Luana, die Glückliche*, ließen keine Verbindung mehr zum Meer erkennen.

Detmar hatte alles Werkzeug beim Verlassen des Schiffes mitgenommen und baute zum Erstaunen der Einheimischen aus vorhandenen Holzstämmen eine feste Hütte. Mit seinem Geschick hatte er schon bald genügend Anfragen, die ihm eine auskömmliche Existenz sicherten. Obwohl er fasziniert war von der melodischen, für seine Ohren außergewöhnlichen Sprache, die sehr weich und rhythmisch in sich die langen Sandstrände und den warmen Sonnenschein geradezu aufzunehmen schien, mochte er so ganz doch nicht auf seine plattdeutsche Sprache verzichten. Der bremische Konsul in Honolulu war ein geschätzter Landsmann und Gesprächspartner, der mit großem Vergnügen die Versuche Detmars unterstützte, seinen Töchtern zumindest ein wenig in seiner Sprache beizubringen. Manchmal nannte er sie einfach *Trine, Gesche* und *Lisa*, was seine Mädchen zum Lachen brachte und stets Auftakt war zum Toben und „Versteek speelen", wie seine Rasselbande und schon bald alle anderen Kinder im kleinen Stranddorf es nannten. *Versteck spielen* hieß nicht mehr Pa'ani huna a'imi, die Kinder fanden *„Versteek speelen"* viel interessanter.

Wenn *Aolani* ihrem Butjenter zuhörte und zusah, wie er

übermütig inmitten der Kinderschar am weißen Strand entlang tollte, so hoffte sie, dass ihr viertes Kind endlich ein Junge werden würde, *een lüttjen Butjenter*, wie sie ihrem Detmar aufmunternd ins Ohr flüsterte.

In 14.500 Seemeilen Entfernung, an der Wesermündung, wurde auch *„Versteeken speelt"*. Man war im Ingenieur-Komitee in Berlin darauf bedacht, die Pläne zur Errichtung zweier Weserforts auf dem Langlütjensand so lange als möglich geheim zu halten. Der Beginn der eigentlichen Bauphase stand kurz bevor. Im Vorfeld hatte man umfangreiche Studienreisen dreier Festungsbau-Fachleute nach England, Russland und Belgien ermöglicht, die den modernsten Stand und den Fortschritt im Festungsbau dokumentieren sollten und von den zuständigen Stellen dieser Länder bereitwillig eingeladen worden waren. Insbesondere in der Seefestung Kronstadt bei St.Petersburg informierte sich die Abordnung, die dort auf eine englische Interessengruppe traf, über den neuesten Stand des Festungsbaus. Wertvolle Erkenntnisse wurden ausgetauscht und sollten in beiden Weserforts verwirklicht werden.

Trotz aller Geheimhaltung war den Dörflern nicht verborgen geblieben, dass ungewöhnliche Vermessungen auf den vor dem Deich liegenden Salzwiesen, dem Groden, erfolgten. In der Presse erschienen erste Meldungen und Mutmaßungen. Doch keiner wusste Genaueres. Das änderte erst eine offizielle Mitteilung des Ingenieur-Komitees, in der der Bau zweier Festungsbauten im Watt offiziell bekannt gegeben wurde. Alle erwarteten, dass auf dem Groden Aufschüttungen erfolgen würden, die die späteren Kanonen tragen konnten. Aber so etwas im Watt auf dem Langlütjen Sand zu errichten, war an Tollkühnheit nicht zu überbieten.

Die Einheimischen schüttelten die Köpfe. An den Theken der Wirtshäuser wurde eifrig diskutiert und mancher Zeigefinger klopfte an die Stirn, um die Verrücktheit solcher Ideen anschaulich zu bewerten.

„Wo schall dat gahn? Der Untergrund ist doch viel zu weich. Spült nicht die stetige Flut sowieso alles wieder ins Meer?“

„Spätestens im Herbst wird die erste Sturmflut den Wahnsinn zerschmettern“, der Deichgeschworene Hinnerk Ahlhorn stellte sich an die Spitze der Kritiker. „Dat geiht allens in Gruus un Muus! Wat verstaht de in Berlin vun't Watt?“

Kopfnicken, allgemeine Zustimmung, und je mehr Eiergrog und Punsch über den Tresen ging, um so ausgelassener die Stimmung und das Amüsement über die da im fernen Berlin. Einige Hitzköpfe wollten daran anknüpfend gleich umfassend die Unabhängigkeitsfrage des oldenburgischen Großherzogtums *een vör allemol kloor maken*.

Ganz so unbedarft, wie sich das in den Gaststuben anhörte, war man im preußischen Kriegsministerium indessen nicht. Schnell hatte man dort erkannt, dass für das außerordentliche Bauvorhaben ein Fachmann benötigt wurde, der sich mit den Gegebenheiten vor Ort auskannte. Den hatte man im hannoverschen Wasserbaudirektor Gustav Runde schließlich gefunden. In seinen Erinnerungen hält Runde die umfangreichen Überlegungen fest.

„Da der Bau der Erdenvelope sowie der Gebäude bis zu einer gewissen Höhe derselben lediglich wasserbaulicher Art war, und bei der ganz abnormen Lage des Baus, es von größter Wichtigkeit, ja Nothwendigkeit sein mußte, daß der Bau von einem Beamten geleitet würde, der mit den Fluth- und Witterungsverhältnissen der hiesigen Küstengegend vertraut war, so wurde Seitens des Königlich Kriegsministeriums die Überlassung eines Wasserbaubeamten aus der Provinz Hannover...beantragt... und mir die Bauleitung (übertragen).*“*

„Wer überhaupt weiß, was ein ordinärer Fluthwechsel von etwa 3,50m und höchster Sturmfluthöhe von 7,20m bei Wasserbauten auf festem Außendeiche oder auch nur Bauten in Nähe der Deiche, zu

bedeuten hat, der wird gewiß ermessen, daß ein Bau auf einem Watt, daß etwa auf halber Fluthöhe ganz frei liegt, etwa eine halbe Stunde vom festen Lande entfernt, durch breite und tiefe Wasserpriele davon getrennt, äußerst schwierig und abnormster Art zu nennen ist, und daß Gefahren aller Art sich in ungeahnter Weise zeigen konnten; dabei aber auch in gleicher Weise interessant, da es galt Gefahren vorzubeugen und zu trotzen und sie thunlichst zu besiegen… daher denn auch keine körperliche Anstrengung gescheut werden durfte, und eine fortwährende geistige Aufregung die Folge sein musste.“

Gustav Runde kannte nicht nur die Verhältnisse an der Küste, er kannte auch die Menschen, ihre Denkweisen und Eigenheiten. Er war in Eckwardersiel als fünftes Kind eines wohlhabenden Kaufmanns geboren und hatte am Alten Gymnasium zu Oldenburg sein Abitur abgelegt, ehe er in den Niederlanden das Studium der Ingenieurskunst im Wasserbau aufnahm. Die Niederländer, führend im Deich- und Entwässerungsbau, waren von je her Vorbilder gewesen. Da lag es nahe, dass Rundes Vater geschäftliche Kontakte nutzte, um den Spross durch ein *durables Studium*, so nannte er es, auf das Leben vorzubereiten. Mijnheer van Dyck in Amsterdam, langjähriger Handelspartner der Familie, hatte beste Beziehungen zur Universität.

„Mit siene Arbeit ok dat Brot verdeenen könen“, das war Familientradition. Auf die schönen Künste sah man doch eher skeptisch herab. Hatte nicht Cousine Mathilde erst damit Schiffbruch erlitten. Eine begabte, sensible Künstlernatur, Tante Bernhardine hatte ihrer ältesten Tochter wahrlich Flausen in den Kopf gesetzt. Doch das Talent reichte nicht. Außerdem immer wieder diese Unpässlichkeiten, Migräne, Mattigkeit und in regelmäßigen Abständen eine große Schwermut, die Mathilde so gegensätzlich zu ihren beiden robusten Schwestern erscheinen ließ. Nun ja, wenn man jemanden finden würde, man konnte sie mit Gottes Segen noch unter die Haube bringen. Die Aussteuertruhen waren

bis obenhin gefüllt. Feinstes Damast Tuch, Silberbesteck und warme Daunendecken, Porzellan und nicht zu vergessen der Schmuck, der schon seit Generationen der ältesten Tochter mit in die Ehe gegeben wurde. Eine gewisse pekuniäre Mitgift käme noch dazu. Vor solcher Notwendigkeit konnten auch Tante Bernhardine und Onkel Gerhardus nicht die Augen verschließen. Eine schöne Summe „Verhandlungskapital" lag schon länger bereit.

Greta Janssen, die in der Marsch so manche Ehe eingefädelt hatte, war vom alten Runde vor einigen Wochen beauftragt worden, sich unter den Hoferben umzusehen. Doch im Falle Mathilde tat sich die alte Kupplerin, die auch schwierigste Fälle an den Mann gebracht hatte, schwer.

„Gerhardus Runde, dor müsst noch wat bipacken, anners warrt dat so gau nix", lautete ihr wenig ermutigender Zwischenbericht. „Deine Mathilde ist eben keine, die kräftig mit anpacken kann. Zart besaitet und bei dem Wind hier an der Küste muss man ja Angst haben, dass sie weggeweht wird. Ein Hoferbe ist nicht in Sicht und wenn, dann sucht so einer etwas Bodenständiges. Dor kööont de Been scheef ween, wenn de Hektar man stimmt. Mit Kunst und Sensibilität kann so een nich veel anfangen!" Hier atmete Greta erst einmal tief durch und beobachtete die Wirkung ihrer Worte. Doch es schien, dass der alte Runde zu ähnlichen Schlussfolgerungen gekommen war, denn er nickte bedächtig und zündete sich eine Pfeife an.

Gelegenheit für die alte Kupplerin, nachzulegen. „Doch einen Kandidaten habe ich noch im Auge, Gerhardus. Mittlerer Beamtenrang am großherzoglichen Hof und seit einem Jahr Witwer. Kinderlos und ein penibler Paragraphenhengst. Aver, Runde, so groot is de Utwahl nich mehr. Un bedenk dat Oller vun dien Dochter. Das Alter, Gerhardus. In der Blüte steht sie auch nicht mehr! Se is doch nah an tweeunddartig ran. Ik will sehn, wat sik maken lett", damit leerte sie ihre Teetasse und machte sich mit fliegenden Hutbändern auf den Weg, einen nachdenklichen Vater hinterlassend. Nicht zum ersten Mal war der über seine Frau verärgert, die seiner Tochter diese Verrücktheiten in den Kopf gesetzt hatte. „*Kunst*," sinnierte er kopfschüttelnd vor sich hin, „*kunnst mi endlich mol een Kerl* för *miene Dochter bringen*." Insgeheim war er sich längst darüber klar, dass er wohl fünfhundert Taler drauflegen müsse, aber das wollte er der alten Janssen in der jetzigen Situation nicht aufs Butterbrot schmieren. Gut zu wissen, ein wirklicher Notgroschen lag in der Truhe bereit.

Zu seiner Heimat und den Menschen in der Wesermarsch hatte Mathildes Cousin Gustav stets gute Kontakte bewahrt und war oft zu Versammlungen und Sitzungen der Deichgrafen eingeladen. Seine Meinung zählte, sein Wissen überzeugte. Ihm war es immer schon wichtig erschienen, dass den Untertanen nicht alles von oben herab diktiert wurde. Aus dieser Haltung heraus war eine seiner ersten Amtshandlungen zu verstehen: eine Einladung an alle Deichgrafen und Deichgeschworenen.

„Wir müssen das Misstrauen in der Bevölkerung zerstreuen, sie auf unsere Seite bringen. Das erleichtert unsere Arbeit", hatte er seinem Vorgesetzten, einem mürrischen, patriotischen Sauerländer, lang und breit auseinandergesetzt. Was gar nicht so leicht war, denn der erwies sich eher als ein Paradebeispiel eines preußischen Beamten und schien wenig geneigt, nach „unten" große Erklärungen abgeben zu lassen. Rechtzeitig vor der Annexion des Königreichs Hannover durch Preußen im Jahre 1866 hatte Wilhelm Knappstein sich an entscheidender Stelle geoutet und seinen unerschütterlichen Glauben an die Zukunft Preußens beteuert. Ein erster Schritt auf der Karriereleiter.

Gegenüber den Flachländlern pflegte Knappstein ohnehin

seine Vorbehalte. Er liebte die leicht hügelige Landschaft seiner Heimat mit den Wäldern und Tälern, konnte der Weite des Küstensaums nichts abgewinnen. Zu trist, alles grau in grau, und überhaupt... Sein Urteil stand felsenfest und war durch nichts zu erschüttern. Runde hatte am Anfang seines Dienstantritts einige Male versucht, die Schönheit des Wattenmeeres, den Rhythmus der Gezeiten und die damit im Einklang lebenden Menschen lebhaft und voller Sympathie zu schildern. Doch hatte er schnell einsehen müssen, dass es vergebliche Liebesmüh war, vergeudete Zeit. Wenn der preußische Beamte in Rage kam, und das kam er leicht, zumal wenn man seiner geliebten Heimat nicht bedingungslos zugetan war, dann bezeichnete er seine Untergebenen schon mal als *Schmachtlappen, Hahnepampel* oder *Heiopeis.* Ausdrücke seiner sauerländischen Wald- und Talbewohner, die die so Bezeichneten nicht in einem besonders günstigen Licht dastehen ließen.

Davon einschüchtern ließ Runde sich allerdings nicht. Sein Fachwissen war in Hannover bis in höchste Kreise anerkannt und sorgte für ein solides Selbstvertrauen.

Seinen Vorgesetzten, Oberamtsdirektor Wilhelm Knappstein, hatte Gustav längst durchschaut. Der war nicht zuletzt auch ein vorsichtiger Taktierer, der bei allen Überlegungen sehr wohl im Auge hatte, dass der Wasserbauingenieur schließlich vom preußischen Kriegsministerium berufen worden war. Da war Vorsicht geboten. Man wollte es sich nicht verderben und seiner eigenen Kariere schaden. Nach oben war schließlich noch Luft.

„Herr Runde, machen Sie, was Sie für richtig halten“, tat er schließlich überzeugt, „Sie haben ja alle Vollmachten aus Berlin erhalten und wissen die Menschen an der Küste zu nehmen.“ Süffisant schickte er noch hinterher, dass der Menschenschlag dort ja ein ganz besonderer sei.

Gut, dass Knappstein die Gedanken seines Untergebenen

nicht erahnen konnte, die diesem in den Sinn kamen: *Speichellecker, du ollet Moorslock, du kannst mi mol! Hangst diene Fahn jümmers na'n Wind...*

Im *Goldenen Anker* saßen nun die Fachleute zusammen. Gustav Runde betrat als letzter die zum Versammlungsraum umfunktionierte Gaststube, begrüßte die beiden zuständigen Deichgrafen des Küstenbezirks per Handschlag, rief ein allgemeines Willkommen und Moin in die Runde und entrollte detaillierte Zeichnungen, die seine beiden Assistenten bereithielten. Heute musste er Entscheidungen vertreten, die längst gefallen waren. Wäre er nicht selbst so fasziniert von der wasserbaulichen Herausforderung gewesen, hätte er wohl nicht guten Gewissens den Versammelten gegenübertreten können.

„Meine Herren Deichgeschworenen, Moin tosamen. Wer, wenn nicht ihr, kennt sich mit unserer Küste zur Weser und zum Jadebusen hin genauestens aus! Deshalb sind wir heute hier in Tettens zusammengekommen. Wir möchten euern fachlichen Rat hören, um eure Unterstützung bitten. Ihr kennt mich, ich bin einer von euch. Da brauche ich euch nicht lang und breit zu erklären, dass eure Anliegen von mir ernst genommen werden." Er beobachtete bei diesen einleitenden Worten die Versammlungsteilnehmer und spürte, die richtige Strategie gefunden zu haben. Keiner würde ihm sein ehrliches Bemühen absprechen und schon gar nicht persönliche Anfeindungen lautstark äußern. Im Vorfeld hatte er gehört, dass Hinnerk Ahlhorn, der Deichgeschworene aus Tettens, die kritischen Stimmen vertreten würde. Nun galt es, die Vorteile des Inselbaus herauszustreichen, die Nachteile nicht unter den Tisch zu kehren, sondern sie in aller Offenheit anzusprechen.

„Uns allen liegt der Küstenschutz am Herzen", Runde sprach gleich zu Beginn das schwerwiegendste Argument aus. „Die geplanten Inseln – nennen wir sie Langlütjen I und Langlütjen II - werden sich als Bollwerk erweisen und die hohen, zerstörerischen Wellen der Sturmfluten entschärfen. Ihr kennt alle die Gefahren, die von der Nordsee für unseren Küstenstreifen ausgehen. In Jahrhunderten haben unsere Vorfahren dem Meer das Land abgerungen und doch auch immer wieder leidvoll erfahren müssen, dass die wilde See sich zurückholt, was der Mensch ihr genommen hat. Erst der systematische Aufbau der Deiche und deren stetige Erhöhung haben uns größere Sicherheit gegeben. Die jetzige Höhe wird nicht ausreichen, um absolut sicher sein zu können. Ich habe aus Holland die neuesten Erkenntnisse mitgebracht und aus Berlin und Oldenburg wird mir signalisiert, dass mit dem Bau der Küstenforts auch Gelder für die Erhöhung der Deiche eingeplant werden. Wir werden zur Seeseite die bisherigen Böschungswinkel verändern, so dass der Wellenschlag in einem deutlich flacheren Winkel auf den Deich trifft und die Wellen sich quasi totlaufen, ein Großteil der Energie gebrochen wird." Gustav griff zum Wasserglas, schaute in die Runde, in der sich bisher noch keiner zu dem Gesagten geäußert hatte. Nun machte allerdings Deichgraf Hannes Reiners Anstalten, das Wort zu ergreifen und nach einem kurzen Augenkontakt mit dem Wasserbauingenieur gab er ein erstes Statement ab.

„Gustav, alles schön und gut, was du bisher gesagt hast. Wir begrüßen, dass endlich Mittel für die Erhöhung der Deiche vorhanden sein sollen. Aber wir kennen solche Versprechungen noch aus hannoverschen Zeiten..."

„Un wat is dor bi rutkamen? Nix, rein gor nix", Hinnerk Ahlhorn unterbrach seinen Deichgrafen und erntete mit diesem Einwurf zustimmendes Gemurmel und Kopfnicken.

„Gifft dat denn Garantien ut Berlin, dat wi us dittmal dorup verlaten köönt?", Ahlhorn setzte nach, ermuntert durch die Reaktion der Versammlungsteilnehmer.

„Ich will ehrlich sein“, Runde hatte solch Fragestellung erwartet, „eine Garantie habe ich nicht in der Tasche. Das wäre auch nur ein Stück Papier. Dieses Mal steckt aber ein außerordentliches, übergeordnetes Interesse dahinter. Das preußische Kriegsministerium ist ein anderes Kaliber als eine Provinzregierung. Ich will euch an der Karte verdeutlichen, warum das so ist.“

Runde nahm seinen kleinen Zeigestock und begann in seinen Erläuterungen fortzufahren. „Die Wesereinfahrt liegt ungeschützt vor zu befürchtenden feindlichen Angriffen von Seeseite. Das haben wir alle schmerzlich in den vergangenen Jahren erfahren müssen. Deshalb hat Berlin die oberste Prioritätsstufe angeordnet, mit den zwei neuen Küstenforts Sicherheit zu schaffen und die Städte und Menschen vor feindlichen Übergriffen zu schützen. Wenn das Kriegsministerium in Berlin etwas beschlossen hat, dann wird es auch umgesetzt. Wir sollten diese Chance nutzen, um etwas für unsere Küstenregion herauszuholen. Dazu gehört nach den Plänen, die mir vorliegen, auch der Ausbau der Deiche. Um achtzig Zentimeter soll zwischen Blexen und Eckwarderhörne die Erhöhung ausfallen, das allerdings in zwei Ausbaustufen über neun Jahre verteilt. Eine Nachricht, auf die hier sicher alle schon lange gewartet haben.“

Gustav Runde konnte in diesem Augenblick nur hoffen, dass diese ehrgeizigen Pläne nicht eingestampft werden würden. Dann wäre es mit seinem guten Ruf in der Marsch vorbei. Keiner der Anwesenden konnte zu diesem Zeitpunkt ahnen, dass der Deutsch-Französische Krieg 1870/1871 und die Gründung des Deutschen Reiches die Gegebenheiten kräftig durcheinander schütteln würde.

„Kommen wir zu einem weiteren wichtigen Punkt“, Gustav ahnte, dass hier eine besondere Sensibilität gefragt war. „Ich habe von euren berechtigten Klagen gehört und muss hier in Tettens nur auf den Deich steigen, um die Folgen des

Dammbaus bei Blexen vor einigen Jahren zu sehen. Im Rahmen der von Bremen gewollten Veränderung der Strömungsverhältnisse wurde seinerzeit ein ca.900 Meter langer Damm ins Watt gebaut, der die Strömung des Fedderwarder Fahrwassers massiv beeinflusste. Ich habe seinerzeit auf die negativen Folgen hingewiesen. Dort sank die Fließgeschwindigkeit, während sie sich im Weserhauptstrom stark erhöhte und so die Fahrrinne für die Schiffe freihielt. Für unsere kleinen Sielhäfen veränderten sich seither die Verhältnisse massiv. Die Verschlickung nahm derart zu, dass der Tettenser Hafen heute nur noch mit kleineren Booten angelaufen werden kann. Eine Verlegung um wenige Kilometer weseraufwärts wird keinen anhaltenden Erfolg haben. Wir werden die Verschlickung nicht aufhalten können. Für den Handel ist die Bedeutung von Bremerhaven inzwischen so groß, dass eine Korrektur der bisherigen Maßnahmen ausgeschlossen ist. Da sind sich Berlin, Hannover und auch unser Großherzogtum einig. Das ist mir in allen Gesprächen bedeutet worden. Man denkt schon darüber nach, wie die Weser bis nach Bremen vertieft werden kann."

„Die Verschlickung wird durch den Bau der beiden Küstenbatterien noch schneller vonstatten gehen", Hinnerk Ahlhorn hatte auf diesen wunden Punkt gewartet. „Vielen Familien bricht die Existenz weg. Gustav, du musst nur durchs Dorf gehen, um die katastrophalen Folgen zu sehen. Die Lotsenbrüderschaft ist nach Fedderwardersiel verlegt, die Fischer sind nach Waddensersiel und Burhaversiel ausgewichen. Auch dort wird sich in den nächsten Jahrzehnten ein ähnliches Drama abspielen. Die Krämer und Gastwirte klagen, der letzte Bäcker wird das Dorf bald verlassen."

„Wir kleinen Leute können nichts machen, wenn die Obrigkeit erst etwas beschlossen hat", Tade Heuermann meldete sich zu Wort. „Die ehrgeizigen Pläne in Berlin gehen über unsere Bedenken hinweg und du, Gustav, bist auch nur deren Vollstrecker. Da kannst du sagen, was du willst. Weshalb sitzen wir überhaupt noch hier zusammen?“ Tade schaute in die Runde, doch keiner wollte so recht in diese Kerbe hauen und Wutausbrüche würden keine Veränderungen bringen. Das hatten alle im Vorfeld erfahren müssen, als solcher Protest im Rahmen der Vermessungsaktion ungehört blieb.

Vielleicht war die Zurückhaltung der anderen Deichgeschworenen durch eine gewisse Resignation oder Ratlosigkeit zu erklären. Gustav Runde hätte dafür Verständnis aufgebracht.

„Lasst mich nochmals auf die Deicherhöhung hinweisen“, versuchte er den Gesprächsfaden wieder aufzunehmen. „Mir scheint, dass wir diesem Punkt unsere ganze Aufmerksamkeit widmen sollten. Ihr seid alle für die Deichsicherheit verantwortlich, und es ist euch eine Herzensangelegenheit. Wenn wir nun das Gemeinwohl über das verständliche Interesse einzelner stellen, dann folgen wir damit einer uralten Tradition unserer Vorfahren. *De nich will dieken mutt wieken!*“

„Es gab und gibt Härtefälle, Ahlhorn und Heuermann haben berechtigterweise darauf hingewiesen. Für den Bau der Inseln werden Arbeitskräfte gebraucht. Nach meiner Überschlagsrechnung mindestens dreihundert kräftige Leute. Die gesamte Bauzeit für beide Inseln ist auf etwa acht bis zehn Jahre angelegt. Dabei sollen möglichst viele Männer aus der Umgebung angeworben werden. Als Leiter des Gesamtprojektes kann ich euch versichern, dass die Bewerber aus der Marsch bei mir an erster Stelle stehen. Ab morgen liegen in allen Dörfern Listen aus, in die alle sich eintragen können.“

Offensichtlich traf diese Aussage Rundes auf großes Interesse, so dass es ihm günstig erschien, die Versammlung zu schließen. Im nachfolgenden, nichtoffiziellen Teil würden sich Gesprächsmöglichkeiten ergeben, und er würde sehen, was er für besonders hart betroffene Familien machen konnte. Es war ihm gelungen, einen Sonderfonds einzuwerben, von dem sein Vorgesetzter keine Kenntnis hatte und über den er frei verfügen konnte. Bei den Gesprächen in Berlin hatte er nicht versäumt, auf die Verhältnisse der hiesigen Bevölkerung hinzuweisen und ein bescheidenes Budget veranschlagen dürfen. Immerhin. Manche Unternehmen, die den Zuschlag für die benötigten Materialien erhielten, waren sicher dazu zu bewegen, hier und da diesen sozialen Aspekt zu unterstützen.

Erklärungen zu Einzelheiten des Bauprojektes zu geben, etwa wie sich der Bau auf dem Langlütjensand verwirklichen ließ, welche technischen Herausforderungen bevorstanden, dazu sah sich Runde im Augenblicklich nicht veranlasst. Das würde sich im Laufe der Bauzeit ergeben, wenn die ersten Hürden erfolgreich überstanden waren. Er hatte zwar alles durchgerechnet und zigfach mit seinem Ingenieursstab überprüft, aber es war Neuland, das mit dem Projekt *„Künstliche Inseln im Watt“* betreten wurde. Da wollte er vor den Küstenbewohnern den Mund nicht zu voll nehmen. Innerlich war eine gewisse Beunruhigung latent vorhanden. Er hatte sich das gegenüber seinen Mitarbeitern allerdings nie anmerken lassen.

„Wir haben alles mehrfach geprüft, einer Verwirklichung steht nichts mehr im Wege“, so war seine zuversichtliche Aussage im Kriegsministerium gewesen, und die Herren Offiziere hatten wohlgefällig genickt. Sogar General Moltke hatte mit seiner Anwesenheit die Priorität der Fortbauten in der Wesermündung ausdrücklich bestätigt.

Nachts schreckte Gustav allerdings manchmal hoch, wenn im Traum die große Flut erschien und alles zunichte machte. Eine künstliche Insel, welch ein tollkühnes Unterfangen. Und er, Gustav Runde, hatte die Verantwortung und die Hebel der Verwirklichung in der Hand.

„Gustav, dat löppt sik allens trecht", beruhigte ihn seine Frau, wenn er aus dem Schlaf hochschreckte. Sie hatte einen unerschütterlichen Glauben an die Technik und die Fähigkeiten ihres Wasserbaudirektors. „Löppt allens to'n Goden ut, und nun wird weitergeschlafen!"

Runde hatte beim Wirt des *Goldenen Ankers* ein Zimmer herrichten lassen. Nachdem die Geschworenen den Heimweg angetreten hatten, saß er in der Stille der kleinen, gemütlichen Kammer bei einem Glas Roten. Er schrieb eine kurze Depesche an seine Frau, in der er von der erfolgreichen Versammlung mit den Deichgeschworenen berichtete.

„Und nun, liebe Hedwig, werde ich mich zur Ruhe begeben. Die nächsten Tage sind voll mit Terminen, es geht endlich los!

Sei umarmt von deinem Gustl!"

Draußen frischte der Wind auf. Die Fensterläden klapperten leise, irgendwo scheuerte knarzend ein Ast des alten Kastanienbaums an der Dachrinne. Runde schlüpfte unter das altertümliche Federbett, das im Fußbereich noch durch ein Plumeau verstärkt wurde. *Der besseren Wärme wegen* hatte ihm das Zimmermädchen augenzwinkernd mitgeteilt. Bevor der Schlaf ihn übermannte, horchte er noch auf den stärker werdenden Wind, der die auflaufende Flut begleitete und in den Ästen der mächtigen Kastanie seine Kräfte erprobte. Sanfte Wellen trugen den Wasserbauingenieur hinüber ins Reich der Träume.

Es begann zu regnen.

Die Monarchen

„Achtung", mit furchterregendem Lärm sauste ein 770 kg schwerer Rammklotz herunter, schlug mit einem mächtigen Knall auf den Eichenpfahl nieder und versenkte ihn um einige Zentimeter tiefer in den Boden. „Entwarnung", die zuständigen Vorarbeiter und Oberkolonnenführer Ulfert Wilberts riefen gegen den strammen Wind an und gaben zugleich Anweisungen an ihre Trupps, den schweren Klotz mittels Flaschenzuges und Handwinde mit zweiseitiger Kurbel erneut hochzuziehen. Eine kräftezehrende Arbeit für die 6 Arbeiter, die jeweils die Kurbel zu bedienen hatten. Über 90 Schläge wurden benötigt, um die eichenen, 9m langen Gründungspfähle durch den Wattboden in den tragenden Untergrund zu rammen. Die Ingenieure hatten ausgerechnet, dass über hundertzehntausend dieser Pfähle, die einen Durchmesser von mindestens 30 cm aufwiesen, für eine sichere Gründung der Insel eingeschlagen werden mussten. Eine für die Arbeiter kaum zu glaubende Zahl, doch auch für die Festungsinsel Langlütjen I hatten sie diese riesige Anzahl von Pfählen in den Boden versenkt. Es wollte und wollte kein Ende nehmen. Das war mit einer einfachen Zugramme nicht zu schaffen. Ulfert Wilberts hörte von überall die „Achtung" und „Entwarnung" Schreie seiner Vorarbeiter, die heute fast im Sturm untergingen, der über das blanke Watt fegte und in dessen glatter, noch feuchter Oberfläche sich Wolken und Sonne spiegelten. Zügig musste in den Ebbestunden gearbeitet werden, denn bald würde der Flutstrom die Arbeiter wieder zu einer längeren Arbeitspause zwingen. Die Abhängigkeit der Arbeitszeit von der Tide war für den einen oder anderen Arbeiter vielleicht ausschlaggebend gewesen, den Kontrakt zu unterschreiben. Zu verlockend war die Aussicht, in der Anfangsphase des Baus täglich nur etwa fünf Stunden arbeiten zu können, und so manches Mal noch weniger, wenn das Hochwasser besonders stark auflief. Diese außerordentliche Situation hatten die Wasserbauingenieure einplanen müssen. Das war auch für sie keine leicht zu lösende Aufgabe, denn hier war man den Naturgewalten an vorderster Front ausgesetzt. Erst zu einer späteren Bauzeit, wenn der Inselsockel über Meereshöhe gewachsen war, würde man unabhängig von der Tide werden.

„Wilberts", Gustav Runde wies seinen Stellvertreter auf der Baustelle vor Ort an, „achte zu jeder Zeit auf die hohen Gerüste. Sag den anderen Truppführern Bescheid." Er konnte das Unglück nicht vergessen, dass beim Bau der ersten Insel zwei Arbeiter an der Ramme, die durch den Sturm eingeknickt war wie ein Streichholz, in den Tod gerissen hatte. Die herbeigeeilten Kameraden konnten die Männer, die immer tiefer in den weichen Schlick gedrückt wurden, erst nach Stunden befreien. Keiner der Anwesenden würde die verzweifelten Schreie der Verunglückten vergessen, die in ein Wimmern übergingen und schließlich ganz verstummt waren. Zu spät war es gelungen, das schwere Gerüst anzuheben. Das saugende, schmatzende Geräusch, als man die Toten aus dem Schlick zu ziehen versuchte, hatte sich bei allen Beteiligten im Gedächtnis festgebrannt. Die unförmigen, schlickverkrusteten Körper wurden an Land gebracht. Erst dort konnte der graue Dreck abgespült werden und menschliche Angesichte kamen wieder zum Vorschein. Manche glaubten, so wurde es später vielfach an den Theken der Wirtshäuser erzählt, einen erstaunten Ausdruck in den Gesichtern der Toten entdeckt zu haben.

„De hefft mit dat Unglück nich rekend un sünd dat eerst in letzten Ogenblick wies worrn", Hermann Körner war einer der eifrigsten Erzähler dieser Vermutung.

„Nur gut, dass die Toten keine Angehörigen haben", flüsterte einer der Vorarbeiter. Damit traf er die allgemeine Ansicht unter der Trauergemeinde. Und Gustav Runde schrieb seiner Gattin Hedwig im fernen Hannover:

„Vor drei Tagen stand unser Bau unter einem Unglücksstern. Wir haben durch einen tragischen Unfall zwei Arbeiter verloren. Über die Einzelheiten mag ich dir nicht berichten, zu grausam hat das Schicksal zugeschlagen. Ich merke, wie mir das alles zusetzt. Habe die letzten zwei Nächte kaum schlafen können. Alle möglichen Gedanken spuken mir im Kopf herum.
Wir haben die beiden Toten heute zu Grabe getragen. Sechs schlesische Landsleute der Toten trugen den Sarg. Der Blexer Pastor hat eindrucksvolle Worte gefunden. Aber er konnte es sich dann doch nicht verkneifen zugleich mahnend auf die unheilvollen Mächte der Natur hinzuweisen, die man nicht herausfordern sollte. Ich weiß nicht, ob er uns Wasserbau- Ingenieure damit ansprechen wollte. Fest angesehen, ja geradezu fixiert hat er mich bei diesen Worten, und ich denke, dass er nach wie vor ein Gegner des gesamten Bauprojektes ist. Im Vorfeld hat er es mehrfach von der Kanzel aus anklingen lassen. Ich merke, es lässt mich nicht unbeeindruckt, aber wir Verantwortlichen können nicht überall unsere Augen haben. Morgen Abend, wenn alle zur Ruhe gegangen sind, werde ich in den dunklen Kirchenraum gehen und zwei Kerzen anzünden."

Auch heute neigten sich die 13 Meter hohen Holztürme, auf denen die Rammen aufmontiert waren, bedenklich nach Lee und Wilberts musste äußerst wachsam alles im Auge behalten. Er kletterte zurück auf einen erhöhten Ponton, von dem er alle Gerüste im Blick hatte und sofort Alarm auslösen konnte, wenn Gefahr im Verzuge war. Gefahr drohte jederzeit. Das hatten die Erfahrungen beim Bau des ersten Forts, LanglütjenI, gezeigt. Es gehörte schon zur Routine, dass Arbeiter, die immer weiter im Watt einsackten und schließlich über einen halben Meter tief im Schlick standen, nur mit Hilfe von Kollegen wieder freikamen. Das passierte täglich, man wartete förmlich schon auf den Ruf:

„Ik sitt fast, holt mi rut.“

Inzwischen hatten sich die so Festsitzenden an die derben Späße ihrer Arbeitskollegen gewöhnt, wenn ein Stiefel im Schlamm steckengeblieben war und nur mit Mühe ausgegraben werden konnte. Denn das musste er, die Männer besaßen nur ein Paar Arbeitsstiefel.

Da erging es den Arbeitern an Land schon besser. Sie hatten festen Boden unter den Füßen und konnten unabhängig von der Flut arbeiten. Zimmermann Jan Sommer hatte mit seinen Gesellen die Aufgabe übernommen, die im Blexer Hafen angelandeten mächtigen Eichenpfähle anzuspitzen, danach wieder zu verladen und mit einer flachen Schute an den Bestimmungsort zu verbringen. Dort ließ man das Boot direkt am Einsatzort trockenfallen, und die einzelnen Pfähle mussten nun von einem Spezialtrupp senkrecht in die Rammen bugsiert werden. Eine unvorstellbar mühsame Arbeit, die pro Pfahl mit einem Lohnaufschlag bezahlt wurde. Über 20 Rammen hielten die Arbeiter in Trab. Kaum war der letzte Eichenpfahl in dem Holzgestell aufgerichtet, schrie man von vorne nach dem nächsten. Man musste ständig vor dem schweren Rammklotz auf der Hut sein. Der war zwar in der Höhe gesichert, doch ein mulmiges Gefühl blieb während des Bugsierens der Pfähle in die richtige Position. Der Arretier-Mechanismus durfte dabei nicht angestoßen werden. Das hätte unweigerlich dazu geführt, dass der schwere Klotz wie aus dem Nichts herunterrasen würde.

Hier war das Arbeitsfeld der *Monarchen*, wie sie sich selbst nannten. Wanderarbeiter, die sich in festen Kolonnen überall dort verdingten, wo sie ihren Lebensunterhalt verdienen konnten. Raue Gesellen, die im Umgang nicht zimperlich waren, wie Pech und Schwefel zusammenhielten. Ihr rüpelhaftes Benehmen machte sie bei der einheimischen Bevölkerung unbeliebt. Die Arbeitskollegen reagierten eher zurückhaltend und bei den abendlichen Trinkgelagen ging man tunlichst einem Streit aus dem Wege. Das Messer in der Joppe saß locker.

Den Namen *Monarchen* leiteten sie ab aus dem Jiddischen, wo er sich ursprünglich zusammensetzte aus *Makor* für Kamerad und *Neehor* für Fremdling. Oft waren es entwurzelte Existenzen, die sich als Landstreicher durchs Leben schlugen. Zur Erntezeit folgten sie einer alten Tradition und ließen sich auf sogenannten Menschenmärkten vermitteln, oft auch durch skrupellose Seelenverkäufer anwerben. Die stattlichen Höfe waren angewiesen auf eine große Zahl von Erntehelfern. Allein auf der Insel Fehmarn sollen weit über tausend dieser bedauernswerten Kreaturen in den Erntemonaten eingesetzt worden sein. Oft unter erbärmlichsten Arbeits- und Unterkunftsbedingungen.

„Das sind Wandervögel, schräge Subjekte, die alle etwas auf dem Kerbholz haben", so erklärten es sich die Kinder untereinander auf den Schulhöfen. Schließlich hörten sie es so von ihren Eltern, die es wissen mussten. Die Schulmeister warnten vor den Fremden. „Landstreicher und Vagabunden", die fremden Menschen regten zu abenteuerlichen Spielen an. Wenn die *Monarchen*, deren Rolle alle gerne spielen wollten, aus ihren Verstecken stürmten, blieb nur die Flucht. Wehe man wurde erwischt, dann war es um einen geschehen. Das Messer, ein blank geschabter Holunderzweig, machte kurzen Prozess.

Waldemar Rokam, seinen richtigen Namen wussten nicht einmal seine Kameraden, war mit seiner Kolonne direkt von Fehmarn in die Wesermarsch gekommen. Nicht nur der höhere Lohn hatte sie angelockt, mit ihrem Bauern lagen sie gerade mal wieder im Streit. Rokam beschwerte sich zum wiederholten Mal über das karge Essen und das zu geringe Bierquantum, das seiner Dreschkolonne zugestanden wurde.

Bei der staubigen Arbeit hatten sie Anspruch auf stündlich einen Liter Bier, so war es immer gewesen. Der Altbauer hatte es all die Jahre über anstandslos so gehalten, doch der junge Erbbauer meinte, damit knausern zu können. Schon im letzten Jahr waren die Rationen gekürzt und verwässert worden.

„Bauer, dein Bier ist in diesem Jahr noch wasserverdächtiger", mehr hatte Waldemar nicht gesagt. Er sagte nie mehr, wenn etwas nicht in Ordnung war. Und er sagte es in der wichtigen Getränkefrage zum letzten Mal. Als sich an der Verköstigung nichts änderte, verließen die Männer über Nacht ihr Strohquartier und hätten gerne das verdutzte Gesicht des Patrons gesehen, wenn sein Großknecht ihm in der Morgenstunde das Geschehen aufgeregt erzählen würde.

Die Monarchen hatten nicht vergessen, wie der neue Großbauer sie im letzten Jahr nach der Ernteeinbringung belustigt und hochmütig zugleich *aufs nächste Jahr* verabschiedete. Dankesworte kamen nicht über seine Lippen.

„Das Gesinde möchte alle Tage Sonntag, alle Tage Musik und Tanz, alle Tage gesungen, gesprungen und getrunken, mit einem Worte, lustig gelebt sein. Es möchte so leben, wie die geschäftigen Müßiggänger der sogenannten vornehmen Welt."

Damals hatten sie beschlossen, es ihm heimzuzahlen. Mitten in der Erntekampagne, wenn der Arbeitsmarkt leergefegt war, würden sie den Hof heimlich verlassen. Das sollte, so war ihre Hoffnung, gleichzeitig ein Signal für die anderen Kolonnen sein, sich endlich gegen die skandalösen Umstände aufzulehnen. Der Arbeitstag begann zwischen drei und vier Uhr morgens, oft mit zwanzigstündiger Arbeitszeit. Auch am Sonntag wurde durchgearbeitet. Besonders wenn die Dreschmaschine an einen anderen Hof umgesetzt werden musste, zeigten sich Dreschmaschinenbesitzer und Großbauer einig wie selten. Den Transport hatten die Arbeiter zu erledigen, ohne dass ihnen dafür ein Lohn zustand. Unersättliche Profitgier und Ausbeutung der menschlichen

Arbeitskraft, die Situation der Abhängigen offenbarte eine schreiende Ungerechtigkeit. Viele dieser bedauernswerten Geschöpfe sanken völlig erschöpft auf ihre Nachtlager aus Strohsäcken und betäubten sich mit Alkohol. Ein verhängnisvoller Kreislauf, aus dem nur wenige entkamen und der zumeist für ein kurzes Leben sorgte.

„Dicht halten, Brüder", Waldemar hatte seine Kameraden nach dem langen Dreschtag zusammengerufen. „Heute kein Alkohol, basta! Alle bleiben absolut trocken! Und leise, ihr Tölpel. Ihr wisst, um was es geht. Als Kontraktbrüchige wird man uns viele Tage einsperren", er schaute seine Leute durchdringend an, kannte er doch deren Saufgewohnheiten. „Wir warten, bis der Großknecht in seiner Kammer ist und dann nichts wie ab. Packt eure Siebensachen, den Schnaps gibt's erst, wenn wir über den Sund sind."

Mit einem Ruderboot, das sie im Orther Hafen schon auftreiben würden, könnten sie ungesehen ans Festland kommen.

„Franticek, auch du schlägst nicht über die Stränge", knurrte er seinen wohlgelittenen Saufkumpan an, den sie überall nur Fusel nannten. Rokam würde heute nicht von seiner Seite weichen.

„Ehrenwort, Waldemar, erst auf der anderen Seite genehmige ich mir einen", tapfer nickte Franticek der Beschlusslage zu. Den kleinen kupfernen Flachmann, den er hütete wie seinen Augapfel, würde schon niemand in seiner zerlumpten Joppe entdecken.

Auf der Baustelle des Langlütjensandes hatten sie es ungleich besser vorgefunden. Die schwere Arbeit waren sie gewohnt und über die täglich kurze Arbeitszeit konnten sie zunächst nur staunen, merkten dann aber bald, dass das Stehen und Bewegen auf dem schlickigen Untergrund eine besondere Herausforderung mit sich brachte.

„Alles Gewohnheit, meine Herrn Monarchen", hatte der Oberaufseher über die Rammkolonnen sie beruhigt. „Im Watt haben wir noch keinen stecken lassen", und dann wies er sie in das Planquadrat ein, das diese Woche fertiggestellt werden musste.

Auf dem Rückweg von der Arbeit wurden sie per Boot nach Langlütjen I gebracht. Von dort konnten sie zu Fuß über einen aufgeschütteten Damm in ihr Barackenlager nach Volkers kommen. Wenn sie Glück hatten, wurden sie mitgenommen von der kleinen Loren-Bahn, die auf dem Damm Material zum bereits fertiggestellten Küstenfort brachte, von wo es dann auf Boote verladen und weiter zur Insel befördert wurde. Lokfahrer Friedrich Hölter verdiente sich auf diese Weise mehr als ein Feierabendbier. Die Monarchen nahm er gerne mit. Es waren lustige Gesellen, bei denen die Groschen locker saßen und die dem fröhlichen Treiben nicht abgeneigt waren. Hölter interessierte sich nicht nur wegen des Freibiers für die Vagabunden. So kam er nach und nach mit ihnen ins Erzählen, und er war einer der wenigen, die überhaupt Zugang zu diesen Menschen fand. Er spürte deren tiefe Sehnsucht nach Anerkennung und Aufnahme in die Gesellschaft, erkannte aber auch schnell, dass es am Verständnis der Mitmenschen fehlte. Sie hielten es nicht der Mühe wert, auch nur einen Gedanken an die als Lumpenpack verschrienen Existenzen zu verschwenden. Immer wieder kam denen allerdings ihr ruppiges Verhalten in die Quere und machte so eine Annäherung schwierig. Waldemar Rokam hatte das Dilemma nach kurzer Zeit ausgemacht. Er war noch nicht lange einer von ihnen, hatte allerdings einen anderen Bildungshintergrund und bis jetzt war es ihm gelungen, nicht rettungslos abzustürzen. Das hatte eine Zeitlang keiner mehr glauben mögen.

Durch eine unglücklich verlaufende Liebe wäre er fast in der Gosse gelandet. Selbst in einer gutbürgerlichen Familie aufgewachsen, war Waldemar seit seiner Jugend befreundet mit Gesine, der Tochter einer angesehenen oldenburgischen Kaufmannsfamilie. Beide hatten sich ineinander verliebt und nichts schien dem zukünftigen Glück entgegenzustehen.

Waldemar war nach dem Schulabschluss am Alten Gymnasium in die Firma seines zukünftigen Schwiegervaters eingetreten und hatte eines Tages durch einen Zufall entdeckt, dass in der Abwicklung von Geschäftsbeziehungen mit einer renommierten Bremer Reederei krumme Geschäfte gemacht wurden. Lange hatte er mit sich gerungen, die Betrügereien für sich zu behalten, auch weil er sich nicht sicher war, ob Gesines Vater womöglich davon Kenntnis haben könnte. Zunächst war der Gedanke in ihm aufgetaucht, er solle auf die Probe gestellt werden. Schließlich, als er das Ausmaß des Betruges in vollem Umfang erkannte und die Verwicklung von Gesines Vater darin zweifelsfrei feststand, merkte Waldemar, dass er mit solcher Last nicht weiter herumlaufen wollte und vertraute sich seinem Vater an. Gehofft hatte er auf ein offenes, verständnisvolles Gespräch. Doch der Vater sah sich in eine unangenehme Situation gedrängt, aus der er sich nicht anders befreien konnte als seinem Sohn den Rat zu geben, Schweigen zu bewahren. Die beiden Familien waren schließlich befreundet und die enge Bindung war in den Augen der Männer auch eine Frage der Reputation. Hier ein honoriger Beamter am großherzoglichen Hof, dort ein erfolgreicher Geschäftsmann mit Verbindungen in alle Welt.

„Lass die Finger davon, Waldemar. Du bringst damit nicht nur dir selbst Unglück. Niemals wird dein zukünftiger Schwiegervater dann einer noch engeren Verbindung unserer Familien zustimmen. Und, wie steh ich dann da? Wie unsere Familie?“

„Ich kann nicht“, aufgeregt suchte Waldemar nach Worten,

„ich kann zu diesen Schweinereien nicht schweigen. Wie soll ich Gesine noch unter die Augen treten?"

„Junge, du hast dein Leben vor dir. Du wirst lernen müssen, dass es manchmal besser ist, den Mund zu halten. Was kannst du denn erreichen? Nichts! Rein gar nichts. Nur ein heilloses Durcheinander."

„Soll das dein ernstgemeiner Rat sein? Habt ihr uns Kinder nicht immer dazu ermahnt, unser Verhalten daraufhin zu überprüfen, dass man jederzeit seinem Gegenüber mit gutem Gewissen in die Augen schauen kann? Wie könnte ich das jetzt bei Gesines Vater noch?"

Waldemar spürte, wie er immer wütender wurde. Er war aufgesprungen, lief im Arbeitszimmer ungestüm hin und her.

„Ich kann es nicht glauben, dass mein eigener Vater ...", schreiend steigerte er sich in eine Wutkanonade und stürzte aus dem Zimmer, um sogleich die Tür wieder aufzureißen. Jetzt wurde kein Blatt mehr vor den Mund genommen. Die ganzen Jahre der Moralpredigten kotzte er aus. Seine Wut, seine Enttäuschungen, seine Verbitterung, die sich als schleichendes Gift in ihm angesammelt und ihn zeitweise betäubt hatte. Die abgewiesene Liebe des berechnenden Vaters, die Ohnmacht der Mutter, dieses verdammte Bewahren gesellschaftlicher Contenance. Immer nur der Blick darauf gerichtet, was wohl andere sagen würden. Er brüllte es heraus, ohne Punkt, ohne Komma, mit einem Handwisch seinem Vater keine Gelegenheit lassend, auch nur ein Wort zu sagen. Dieses Mal würde er nicht weichen, nicht zurückstecken und schon gar nicht unterwürfig zurückkehren. Dieses Mal nicht wieder die ätzende Harmoniesoße schlucken. Dieses Mal nicht!

Nachfolgende, geflüsterte Worte konnte sein Vater durch die erneut zugeschlagene Tür nur noch als ein Rauschen in weiter Ferne vernehmen. Der Sturm hatte sein zerstörerisches Werk vollendet. Windstärke 12 war durchs Haus gefegt. Der Orkan hatte alle Dämme gebrochen.

Leichenblass blieb der Hausherr am Schreibtisch sitzen.

Sehr viel später, als alles vorbei und der Zorn verraucht war, musste Waldemar oft an diese Szene denken. Meist überfielen ihn die Gedanken, wenn er neben seinen Kumpanen im staubigen Stroh seitlich an der Dreschmaschine lag. Seine Mutter war ihm auf dem Flur noch entgegengetreten, wollte ihn aufhalten. Sie, die immer darauf bedacht war, dass Ausgleich im Familienleben herrschte, konnte ihren aufgebrachten Sohn nicht zurückhalten. Hatte sie es überhaupt ernsthaft versucht? Er wusste es nicht, konnte sich nur daran erinnern, dass sie ihm eine Hand entgegenstreckte. Die andere Hand führte sie erschrocken vor den Mund.

„Waldemar, bleib ...", mehr konnte sie nicht sagen, da hatte er sie, heftiger als er es wollte, beiseitegeschoben und war aus dem Haus gestürmt.

Der Mantel hing verloren am Garderobenhaken.

Waldemar hatte kurz überlegt, bei Gesine vorbeizugehen. Doch wollte er die Villa ihrer Eltern nicht betreten, er war zu aufgewühlt. Ihm war bewusst, dass er nach diesem Vorfall auch nicht wieder nach Hause gehen konnte. Sein Vater würde ihn nicht anhören. Ihm die Tür weisen. Diesen Triumph würde er ihm nicht gönnen. Und er selbst konnte diese Heuchelei nicht mehr aushalten. Wie oft hatten sie sich als Kinder den Spruch der Mutter anhören müssen: *Üb immer Treu und Redlichkeit.* Und der Vater hatte dazu wohlgefällig genickt. Welch ein scheinheiliges Verhalten, dass offenbar vielen Menschen seiner Umgebung angeboren schien. Bitter für den Sohn, der hatte erkennen müssen, das insbesondere sein Vater sich in lauter Widersprüchen zwischen Anspruch und Realität durchs Leben lavierte. Immer das gerade Passende für sich reklamieren und den Ehrenkodex der Familie, „*so haben wir es immer gehalten*“, vertreten – nach innen und in besonderem Maße nach außen. Mit einem Lächeln. Begleitet von einer leichten Verbeugung.

Die Mutter hatte aus Solidarität geschwiegen. Manchmal verurteilte er sie dafür noch schärfer als seinen Vater, erkannte aber, als er älter wurde, darin mehr und mehr die Hilflosigkeit einer abhängigen Frau. Er konnte sich nicht daran erinnern, auch nur ein einziges Mal von seiner Mutter Widerspruch zu Entscheidungen gehört zu haben. Die traf das Familienoberhaupt. Einzig die manchmal hochgezogene rechte Augenbraue deutete Waldemar als sichtbaren Unmut, doch das Gesicht der Mutter blieb ansonsten eher teilnahmslose Fassade. Irgendwann hatte er es aufgegeben, nach Zeichen zu suchen.

Schon einmal hatte diese Doppelmoral zu einer bitterbösen Auseinandersetzung im Elternhaus geführt. Eigentlich aus einem nichtigen Anlass, doch sein autoritärer Vater war in seinen polternden Demütigungen so weit gegangen, dass der Fünfzehnjährige nur durch seine ältere Schwester von *dummen Gedanken*, so nannte sie es, abgehalten werden konnte. Barbara war dann bald aus dem Haus gegangen, und er war nicht stark genug, sich dem Vater dauerhaft zu widersetzen.

Zum sehr liberalen Elternhaus seiner Freundin Gesine fühlte er sich von Anfang an hingezogen. Er traf auf eine lebhafte Familie, in der die drei Töchter unbeeindruckt von der sehr zurückhaltenden und ernsten Mutter fröhlich und übermütig miteinander umgingen und den Vater oft in ihre Späße einbezogen. So war es kein Wunder, dass alle Mädchen eine viel engere Beziehung zu ihrem Vater hatten als zu ihrer pietistischen Mutter, der alle Freude abhandengekommen zu sein schien. Ganz anders der *Patron*, wie er von seinen Töchtern genannt wurde, und der sich in dieser Rolle offenbar wohlfühlte und sonnte. Waldemar war fasziniert von dieser Konstellation, und es dauerte eine ganze Weile, bis er über die Rolle der Mutter nachdachte.

„Ach, die war schon immer so“, Gesine war gar nicht weiter darauf eingegangen, als er versucht hatte, einmal mit ihr über die Mutter zu sprechen. Nun, nach seiner Entdeckung in der Firma, kam es ihm so vor, dass hinter der Verhaltensweise von Gesines Mutter mehr steckte. Gut möglich, dass sie etwas von den Machenschaften ihres Mannes ahnte. Das äußere Erscheinungsbild der Kaufmannsfamilie – ein sorgsam gehütetes Blendwerk:

Üb immer treu und Redlichkeit.

Was sollte er Gesine erzählen? Und wie? Wie würde er in ihren Augen dastehen, wenn er eine scheinbar heile Welt durch Offenlegung seiner Entdeckungen zerstörte? Würde das nicht auch ihre Beziehung zerstören? Blut ist schließlich dicker als Wasser. Nein, er würde nicht derjenige sein, der einen Zwist in die Familie hineingetragen hätte. Das könnte ihre Liebe niemals überstehen.

Er spürte eine tiefe Verzweiflung und ahnte zugleich, dass er seiner Verlobten nichts würde sagen wollen.

Sonst hatte er keinen mehr, dem er sich anvertrauen mochte.

Sein Entschluss stand fest: Er würde im Morgengrauen den Ort verlassen.

Allmählich senkte sich die Dunkelheit über die Stadt. Die spärlichen Gaslaternen spendeten im Stadtzentrum fahles Licht. Heute Abend lag der Marktplatz da wie ein verlorener Ort in der Dämmerung. Nur wenige Passanten bogen in die winzigen Nebengassen und verschwanden hinter grauen Türen in den kalten Häuserfassaden. Im kleinen Bäckerladen an der Ecke wurden die Fensterläden zugeklappt.

Lautlos jagten Fledermäuse Käfern hinterher, die sich auf der Suche nach einem nächtlichen Ruheplatz verspätet hatten und ihre letzten Tänze im Schein der Laternen aufführten. Nur ein leises Knacken war in der Luft zu hören.

Am Rande der Stadt und auch zum Hafen hin wurde es zusehends dunkler. Bei bedecktem Himmel sah er bald die Hand vor Augen nicht, hörte das leise Plätschern des Wassers, wenn es gegen die Uferbefestigung aus schwarzem Basaltgestein stieß.

In Gedanken versunken war er von seinem Elternhaus losgelaufen, ohne auf den Weg zu achten.

Habe ich richtig gehandelt? Was, wenn Gesine sich auf meine Seite gestellt hätte? Warum spüre ich kein Vertrauen in unsere gemeinsame Liebe? Bin ich nicht derjenige, der durch die Flucht alles zunichte macht? Der einer Belastungsprobe dieser Liebe nicht traut?

Es begann zu nieseln. Erst jetzt bemerkte Waldemar, dass er seinen Mantel vergessen hatte. Unter einer Brücke suchte er Schutz vor der Nässe. Langsam kroch die Kühle der späten Sommernacht an ihm hoch. Er kauerte sich fröstelnd in eine windgeschützte Ecke, konnte seine Tränen nicht mehr zurückhalten, ließ ihnen endlich freien Lauf, zitterte am ganzen Körper. Ein Verlorener mehr in dieser Nacht. Ein Suchender. Schon lange war sein Vater kein Eckpunkt, kein Pfeiler mehr in seinem Leben gewesen. Seine Eltern keine Koordinaten, an denen er sich orientieren mochte. Obwohl er seit seinem 15. Lebensjahr dieses Gefühl in sich trug, überfiel ihn die Gewissheit und Endgültigkeit mit voller Wucht. Hier, unter der Brücke, gab es keine bequemen Ausreden mehr, keine verzweifelten Hoffnungen. Hier, unter der Brücke, war etwas unwiderruflich zerbrochen. Eine neue Tränenflut übermannte ihn.

Der Schreck fuhr ihm gehörig in die Glieder, als er aus dem Dunkel plötzlich eine heisere Stimme hörte.

„Bist wohl noch nicht oft hier gewesen und denkst dran, ins Wasser zu gehen?“, kam es aus der Ecke, nicht mal einen Meter neben ihm. Jetzt erst erkannte er einen Schatten, Konturen eines Mannes, der unter einer festen Persenning lag und sich aufgerichtet hatte. Waldemar wollte aufspringen und die Flucht ergreifen.

„Bleib", die Stimme hielt ihn zurück, „wo willst du bei diesem Sauwetter hin? Kannst froh sein, dass ich dir keinen übergezogen hab", der Fremde hielt einen Knüppel in der Hand. Waldemar ahnte es mehr, als dass er es erkennen konnte. Seine Augen hatten sich noch nicht an die Dunkelheit gewöhnt, und die Tränen ließen alles grau wie verschleiert erscheinen.

Der Schatten war inzwischen wohl zu der Überzeugung gelangt, dass von dem fremden Eindringling keine Gefahr ausging.

„Ist meine Ecke hier, Franticeks Reich für die Nacht, weiß jeder", ein längeres Schweigen folgte.

Waldemar hatte es die Sprache verschlagen. Der Mond kam hinter den Wolken hervor und spiegelte sich im Hafenbecken, beleuchtete die entfernt stehenden beiden Drehkräne. An einem hing ein langer, dünner Pfahl mit schütterer Krone aus Birkenreisig und schaukelte im Wind. Er war den Pricken nicht unähnlich, wie die Fischer sie benutzten, um das flache Fahrwasser in den Prielen zu kennzeichnen. Backbordreisige, die unteren Zweige zusammengebunden. Wie Besenstiele ragten sie in die Luft und begrüßten die Heimkehrenden. Zeigten ihnen den Weg. Im Frühjahr waren sie jedes Jahr von den Eisschollen der Winterstürme abgeknickt, schauten nur noch als kurze Stümpfe bei Ebbe aus dem Schlick.

„Nun, willst du dich nicht vorstellen? Sagst keinen Ton. Das hab' ich nicht so gern, wenn ich nicht weiß, mit wem ich's zu tun hab'", wieder erklang die Stimme des Mannes. Nicht mehr so rau. So heiser. Wenig bedrohlich.

Waldemar konnte in den nachfolgenden Monaten nicht erklären, warum er sich diesem völlig fremden Mann gegenüber offenbarte.

„Unter der Brücke hast du dich richtig ausgekotzt", sagte Franticek später, wenn er sich an diese Nacht erinnerte.

Es war mehr als die besondere Verfassung, in der Waldemar sich an diesem Abend befand. Da war er sicher. Dieser Vagabund musste etwas in ihm ausgelöst haben. War er selbst nicht auch ein Außenstehender geworden? Jemand, der aus seinem bisherigen Lebensalltag herausgerissen wurde? Der weglief vor dem Leben? Dessen Zukunftspläne wie Seifenblasen zerplatzt waren? Der nicht wusste wohin? Alle bisher geltenden Richtungsanzeiger waren abgeknickt wie die Reisigbesen an der Fahrrinne.

„Suchst du nach Schuldigen? Nach Verantwortlichen? Wie das alles so kommen konnte? Ach, das wird dir nichts bringen. Ich wühle nicht mehr in der Vergangenheit", Franticek war aufgestanden. „Hab´s aufgegeben. Sinnlos." Er trat in das helle Mondlicht. Blickte zum Hafen. Kehrte zurück unter das graue Tuch. Klappte die Seite hoch. „Komm, deck dich zu, die Nacht wird kühl. Ungewöhnlich für die Jahreszeit. Morgen reden wir weiter."

Waldemar hörte die ruhigen, regelmäßigen Atemzüge neben sich. Irgendwann übermannte ihn ein traumloser Schlaf, aus dem er erschreckt hochfuhr. Franticek packte die wenigen Sachen in eine Art Seesack. Vom Hafen drangen Rufe herüber.

„Ich breche auf. Der Weg führt über Weser und Elbe ins Holsteinische und von da aus nach Fehmarn. Treffe mich dort mit Kumpels, es ist Dreschzeit."

Mit keinem Wort ging er auf den gestrigen Abend und das lange Gespräch ein. Fragte nur: „Bist du dabei? Kannst mit mir kommen. Kost und Logis sind frei."

Es sollte ein sonniger Tag werden. Über das kleine Flüsschen Hunte gelangten sie nach kurzer Zeit auf eine schmale Landstraße, die nach Osten verlief. Der Sonne entgegen, die sich unaufhaltsam am Horizont nach oben schob und bald als glühender Ball am Himmel stand. Der Tau in den Gräsern verdampfte, über den Wiesen breitete sich eine belebende Frische aus. Stare fielen in großen Schwärmen ein, versuchten mit schnellen, trippelnden Schritten und abrupten Wendungen den frühen Wurm zu ergattern.

Auf dem langen Weg zur Insel in der Ostsee hatten sie Glück. Immer wieder wurden sie von Fuhrwerken mitgenommen, die lange Staubfahnen hinter sich herzogen. Die Alleebäume spendeten bereitwillig Schatten. Sie fanden in der Dämmerung der letzten Sommertage Heuschober, in denen sie die Nächte verbrachten. Auf dieser Wanderung der langen Wege erfuhr Waldemar alles über das Leben des Wandergesellen Franticek und hörte zum ersten Mal den Namen *Monarchen.*

Als er dessen Kumpane kennenlernte, spiegelte das äußere Erscheinungsbild die schweren Schicksalsschläge dieser Existenzen. Irgendwo, irgendwann, an irgendetwas gescheitert. Verloren. Hilflos. Den Alkohol als Tröster anbetend. Schon lange nicht mehr an eine Perspektive glaubend. Heruntergekommen. Alle Attribute der sie ablehnenden Mitmenschen versinnbildlichten sich in ihrem Anblick.

Erst im Laufe der nächsten Monate hatte die Kolonne zu Waldemar Vertrauen aufgebaut. Vielleicht lag es an den Sauforgien. Einige Male hatte auch er sich sinnlos betrunken, obwohl er den Alkohol immer verdammt hatte. Franticek nahm ihn schließlich zur Seite. Ausgerechnet Fusel.

„Willst du da landen, wo wir alle schon längst sind? Tiefer geht's nicht. Und du bist da schneller als du denkst“, er nahm die staubige Mütze ab und klopfte sie an einem Zaunpfahl aus.

„Schau mich an. Hier in der Gruppe gehst du vor die Hunde, wenn du nicht aufhörst. Schau mich an. Ich schaffe es nicht mehr, die Kumpels sind ...“, ein Achselzucken beendete den Satz. Stumm wies er zum Strohlager, wo die anderen bereits den billigen Schnaps in sich hineinschütteten.

„Lange Zeit war ich der Wortführer, hab die Verhandlungen geführt. Du musst das nun machen. Jetzt musst du's machen. Meine Birne taugt dazu nicht mehr. Ohne einen Anführer gehen wir unter", Fusel wischte sich mit dem dreckigen Ärmel über die Mundwinkel, verharrte einen Augenblick, ehe er den Rufen seiner Saufgenossen folgte, die ihn grölend heranwinkten. Es dauerte nicht lange, bis alle im Alkoholrausch versanken.

Waldemar blieb eine Weile am Gatter stehen. Ein fader Geschmack stieg in ihm auf. Ekel. So fühlte man sich kurz vorm Kotzen. Diese besinnungslosen Gestalten, diese ausgemergelten Körper, diese stumpfen Seelen und er auf dem besten Wege, einer von ihnen zu werden. Unvorstellbar war solch ein Absturz noch vor wenigen Monaten gewesen. *Abschaum, du bist beim Abschaum gelandet*, er hörte förmlich den höhnischen Ton seines Vaters.

Willst du dir diese Blöße geben, Waldemar Rokam? Vor deinem Vater, vor deiner Familie, vor Gesine? Vor den Betrügern und Scheinheiligen, vor dir selbst?

Rokam musste nicht mehr überlegen. Er würde sich an die Spitze der Monarchen stellen und vor allem dafür sorgen, dass ihnen ein Stück Gerechtigkeit widerfuhr. Er hatte von den Plänen zur Erbauung von zwei Weserforts gehört. Im nächsten Jahr, nach Erfüllung der bereits ausgehandelten Kontrakte, würden sie aufbrechen.

Vielleicht auch schon vorher… das wird sich finden!

Kurz vor der Lagerstätte der langen Eichenpfähle hielt Friedrich Hölter seine Lok an und legte die Weiche um. Sie alle staunten jedes Mal über die riesige Anzahl der Stämme. Geschäftig lief Zimmermeister Sommer, Anweisungen gebend, hin und her. Das Spitzen der Pfähle hatte sorgsam zu geschehen. Vom Kernholz musste eine stabile Spitze stehen bleiben, brach die ab, konnte der Pfahl nicht weiter in den

Boden getrieben werden. Das hatte Waldemar schon zweimal erleben müssen. Es kostete eine Unmenge Zeit, den abgebrochenen Pfahl aus der Ramme zu ziehen.

Manchmal blieb Waldemar einfach auf einer der Loren sitzen, schaute über das graue Wasser, das die eingerammten Pfahlreihen überflutet hatte. Nur an den kleinen Wellen, die sich darüber brachen und deren schmutzig-gelbe Schaumkronen sich nach wenigen Metern auflösten, konnte man ihren Einsatzort erahnen. Seine Monarchen waren längst über den Deich gestiegen und in der Barackenunterkunft verschwunden. Darin würde es sie nicht lange halten. Konrad Plate hatte gleich nach Bekanntwerden der Baupläne eine Schankwirtschaft in Volkers errichten lassen. Dort ging es nun jeden Tag in Abhängigkeit von der Tide hoch her. Oft fühlten sich die Bewohner des kleinen Ortes mit kaum mehr als fünfzehn Häusern in ihrer Nachtruhe gestört. Der Landgendarm aus Blexen machte regelmäßig seine Runden und drohte schon mal mit Festnahme oder gar mit Schließung des Etablissements.

Aus der nahen Stadt Bremerhaven hatten sich drei Damen bei Plate eingemietet. In den Dachbodenzimmern boten sie ihre Dienste an. Ein schönes Zubrot auch für Konrad, denn er kassierte mit. *Puffmutter* nannten ihn spöttisch die Dörfler. *Puffmutter Konradus*. Aber an Zahltagen schauten sie doch neidisch auf die Schlange der Wartenden. Hochbetrieb. Unter den über dreihundert Arbeitern gab es genügend Kundschaft für die Zimmer mit den roten Laternen. An solchen Tagen waren weitere Miezen mit dem Boot von Geestemünde herübergekommen. Aushilfskräfte.

Auch von den Höfen aus der Marsch stieg verschämt der ein oder andere Hofbesitzer die steile Stiege nach oben. Konrad hätte Geschichten erzählen können. Doch er schwieg. Geschäft ist Geschäft. Und hinterher, an der Theke, noch ein Absacker, bevor es wieder zur Bäuerin an den heimischen Herd ging. Hausmannskost.

„Prost, Plate, nix för Ungood. Bi di is de Eiergrog noch an Besten!"

„Kiek mol wedder in", mit einer weltoffenen Handbewegung verabschiedete Konrad die Sünder, nicht ohne sich so seine Gedanken zu machen. *Wie das Leben so spielt, selbst hier im letzten Winkel der Marsch.*

Waldemar mied die Gastwirtschaft und die fröhliche Zechgesellschaft. Viel lieber blieb er auf ein Gespräch mit Lokführer Hölter am Deichfuß sitzen. Gelegentlich gesellte sich Zimmermeister Sommer dazu.

„Rokam, ik bruuk noch een gooden Mann in miene Kolonne", der Zimmermeister ermunterte ihn, in der langen Winterpause, wo im Watt die Arbeiten eingestellt wurden, nicht mit seinen Kumpels weiterzuziehen, sondern hier zu bleiben. „Wi hefft noog Arbeit un dat is nich so'n Schinneree as in't Watt. Dor mööt ji jo düchtig wurachen."

Das Angebot brachte Waldemar in Gewissenskonflikte. Die Monarchen vertrauten ihm. Gegenüber Fusel fühlte er sich seit seinem nächtlichen Brückenerlebnis besonders verpflichtet. Das war aber nur die eine Seite. Ihm war schon längst klar geworden, dass er das Vagabundieren nicht länger aushalten konnte. Eine Lebensperspektive ließ sich darin nicht finden.

Eines Tages nahm er Franticek beiseite:

„Im Herbst ziehe ich nicht mit euch weiter. Ich kann hier bei den Zimmerleuten überwintern", gespannt wartete er auf die Reaktion.

Fusel nickte bedächtig. Er schien nicht überrascht. Schaute Waldemar einen kurzen Augenblick an und wandte dann sein Gesicht zur Seite, ehe er antwortete.

„Mach das..." Mehr sagte er nicht, legte Waldemar kurz die Hand auf die Schulter, wischte mit dem Ärmel seines karierten Hemdes übers Gesicht und ging davon.

„Franticek...", Waldemar wollte ihm nachlaufen, doch Fusel winkte, ohne sich umzuschauen ab und verschwand in der Baracke. Keine 14 Tage später verließen die Monarchen die Baustelle. Die Herbststürme standen bevor und die Arbeit an der künstlichen Insel wurde eingestellt. Erst Anfang April im folgenden Jahr konnte sie wieder aufgenommen werden.

Rokam sollte die Vagabunden nicht wiedersehen. Er selbst erlebte die Jahre seiner Wanderschaft mit den Monarchen als so wegweisend, dass er sich schon bald der sozialistischen Arbeiterbewegung anschloss. Im streng reglementierten Bismarck'schen Obrigkeitsstaat begannen sich die weiter unter ärmlichen Verhältnissen lebenden Arbeiter zu organisieren und für ihre Rechte einzutreten.

Waldemar Rokam fand im Kampf um gerechte Löhne und Verbesserung der Arbeits- und Bildungsbedingungen seine Lebensaufgabe. Auch er verließ im Frühjahr die Zimmerleute, fand Anschluss in Geestemünde an die Sozialistische Deutsche Arbeiter Partei. Von dort wurde er zur weiteren Schulung nach Berlin geschickt und lernte in der Genossin Friederike Grünberg eine Lebenspartnerin kennen.

Gustav Runde nutzte den bevorstehenden Stillstand auf der Baustelle, um die Planungen für die im April folgenden Arbeitsschritte festzulegen. Eine Notbesetzung war geblieben. Sie würde zusammen mit den Zimmerern die hohen Holzgerüste der Rammen umarbeiten. Sie waren zu windanfällig und würden auf einem Ponton innerhalb eines Ringdeiches errichtet werden. Runde hatte erkannt, dass mit dem Einrammen der Pfähle ein vorher so nicht kalkulierbarer Zeitaufwand verbunden war.

Sobald die Stürme sich im Frühjahr gelegt hatten, würden sie damit beginnen, einen Erdwall in Form eines an den Ecken abgerundeten rechteckigen Inselgrundrisses aufzuschütten. Mit Buschwerk, zusammengebundenen etwa zwei

Meter langen und im Durchmesser 50cm dicken Bündeln, deckte man den Sockelbereich zur Wasserseite hin ab und verankerte dieses bewährte Material an langen Ketten im Untergrund des späteren Inselinnerns. Schotter wurde dann zur Absicherung des Aufbaus aufgefüllt, um so eine Unterspülung der nachfolgenden äußeren Deckschicht zu verhindern. Dieses Verfahren hatten sie beim Bau des ersten Forts entwickelt, und es hatte sich bewährt. Erfahrene Schlengen Baumeister hatten Runde bei der Entwicklung zur Seite gestanden.

Den äußeren Rand des Erdwalls, der nach Süden eine Öffnung erhielt, so dass das einströmende Wasser wieder ablaufen konnte, würde man mit Kleiboden aus dem Deichvorland aufschütten müssen. Der Schlick und die darunter liegende Sande eigneten sich nicht, denn sie wurden im Nu vom Wasser in kleinste Partikel zersetzt und weggespült.

Die Errichtung eines Erdwalls war bei Langlütjen I deutlich leichter zu bewerkstelligen gewesen, da hier eine befahrbare Verbindung über einen Damm zum Festland bestand. Langlütjen II lag mitten im Wattengebiet und war nur bei Flut mit entsprechend schwerem Gerät zu erreichen. So musste der benötigte Boden mühevoll auf Schuten umgeladen werden, die dann vor der Insel bei Ebbe trockenfielen und entladen werden konnten. Für diese zeitraubende und anstrengende Arbeit würde Runde zusätzlich 120 Arbeiter einstellen müssen. Spätestens zum Sommer sollte der Inselsockel, die Steindossierung, rundum abgeschlossen und über Fluthöhe angewachsen sein, so dass unabhängig von der Tide gearbeitet werden konnte.

Sorgen bereiteten Runde die sich abzeichnenden Materialengpässe. Die georderten Eichenpfähle würden hoffentlich mit Beginn der Schneeschmelze aus dem Weserbergland geliefert werden können. Flößer hatten den ganzen Sommer über wegen des niedrigen Wasserstandes der Weser die Beförderung einstellen müssen. Gigantische Flöße waren inzwischen zusammengestellt worden und lagerten am Ufer weit weseraufwärts.

Die über 250.000 Reisigbündel für den Bau der Faschinen waren vor Baubeginn im ganzen norddeutschen Raum zusammengestellt und am Blexer Hafen deponiert worden. Die großen Blöcke aus Wesersandstein, die den Abschluss des Inselsockels bildeten, kamen ebenfalls aus dem Weserbergland. In der Umgebung von Springe und Hameln wurde unter Hochdruck gearbeitet, um die benötigten Quader zu hauen.

Im Vorfeld war über die Finanzierung im Kriegsministerium in den letzten Jahren immer wieder Streit ausgebrochen und Runde hatte befürchten müssen, dass das Projekt der zweiten Festungsinsel unterbrochen oder gar eingestellt werden würde. Der drohende und dann auch tatsächlich ausgebrochene Krieg mit Frankreich wurde siegreich beendet. Die Reparationszahlungen von fünf Milliarden Goldfranc, die Frankreich im Friedensvertrag auferlegt wurden, erledigten dann die Frage. Die Goldmark sprudelte und die siegreichen Kriegsherren berauschten sich an einer Bestückung der Insel mit veritablen Kanonen. Ein Ausdruck des militaristischen Gedankenguts, dass sich im Deutschen Reich manifestierte und in der Katastrophe des 1.Weltkrieges mit den beteiligten Staaten fortsetzte. Das Hurrageschrei und das Säbelgerassel der jeweils anderen Seite wurde als nationale Herausforderung verstanden. Die Proklamation des Deutschen Kaisers, ausgerechnet im Spiegelsaal von Versailles, prägte sich bei der französischen Bevölkerung als nationale Schande und Demütigung ein.

Auch Gustav Runde hatte, wie so viele Familien auf beiden Seiten, seinen Blutzoll bezahlen müssen. Seine beiden Söhne Wilhelm und Friedrich waren gefallen. Wilhelm in der Schlacht um Sedan und Friedrich starb an einer Verwundung, die er sich bei Orleans zugezogen hatte, im Lazarett in Saarbrücken. Das hinterließ bei ihrem Vater tiefe Erschütterungen. In seiner revanchistischen Einstellung zum Erbfeind Frankreich war er ganz Kind seiner Zeit. So zog er aus seiner beruflichen Tätigkeit die tiefe Befriedigung, dass ein Überfall von Flussseite unbedingt verhindert werden musste.

In einem seiner Briefe an Ehefrau Hedwig berichtet Runge über die nahende Fertigstellung der künstlichen Insel.

Liebe Hedwig,

wir sind beim Bau gut vorangekommen. Die Fluten haben ein stetiges Arbeiten ermöglicht und gestern konnten wir die äußere Dossierung schließen. Mir ist ein großer Stein vom Herzen gefallen, wie du dir denken kannst. Nachdem auch die letzten Eichenpfähle eingerammt worden sind, ist die Gründung für das Fundament fertiggestellt. Nun sind die Maurer und Zimmerleute gefragt, um die Kasematten zu errichten. Aus dem Ruhrgebiet waren schon Fachleute hier, um zu erkunden, wie die Panzertürme und Kanonen auf die Insel gebracht werden können.

Meine eigentliche Aufgabe ist damit fast erledigt, jetzt muss nur noch der ganze Papierkram weggearbeitet werden. Das kann ich nach Weihnachten angehen. Ich werde am Freitag vor den Festtagen hier meine Zelte vorerst abbrechen und kann bis zum 5.Januar in Hannover bleiben.

Wie in den letzten Jahren wird es uns auch an diesem Heiligabend wieder schwerfallen, das Fest allein zu verbringen. Wir werden an Wilhelm und Friedrich denken müssen, die für das Vaterland gefallen sind. Pastor Westphal hat in seinen Predigten allen Eltern, die unser Schicksal teilen, immer wieder Zuversicht und Trost ausgesprochen. Das wünsche ich uns auch für dieses Jahr.

Du schriebst, dass Schwägerin Käthe und Schwager Walter sich am Zweiten Weihnachtstag angesagt haben. Ich freue mich. Käthe hat so eine herzliche Art und es gelingt ihr, uns auf andere Gedanken zu bringen. Deinen Bruder Walter schätze ich ohnehin sehr. Mit seiner

politischen Einstellung stimmen wir gottseidank überein. Ich rechne ihm hoch an, dass er uns in der schweren Zeit fest zur Seite gestanden hat und immer für dich da war, wenn ich unterwegs sein musste.
Nun muss ich dir aber noch etwas Lustiges berichten. Um Zeit bei dem Weg zur Arbeit einzusparen, wurde ein Wohnschiff angeschafft - ein altes Feuerschiff, dass man extra für 80 Arbeiter hergerichtet hatte und das direkt an der Insel verankert wurde. So konnten die Leute nach ihrer Schicht über eine Brücke zum Schiff gehen und zu Arbeitsbeginn waren sie gleich an Ort und Stelle. Leider hat man dabei übersehen, dass das Schiff einen Kiel hatte und bei Ebbe sich so stark zur Seite neigte, dass die Arbeiter aus ihren Kojen fielen und man sich nur noch kriechend in Schieflage fortbewegen konnte. So ein Durcheinander habe ich noch nicht erlebt. Im Stillen hat sich wohl jeder über die „Landratten in Berlin" amüsiert, die solch einen Unsinn verzapft hatten. Die Arbeiter fanden das nicht so lustig und wollten partout nicht auf dem schiefen Kasten bleiben: „De hefft jo een Vagel – wi slapt wedder in de Baracken!" Es folgten noch andere deftige Schimpfworte, die ich lieber nicht schreibe.
Du, liebe Hedwig, bist sicherlich schon fleißig beim Weihnachtsgebäck und hast mit den Vorbereitungen alle Hände voll zu tun.
Sei herzlich gegrüßt und umarmt
Dein Gustl

Wie vorgesehen wurde der Inselkörper im Sommer des nächsten Jahres vollständig fertiggestellt. Runde hatte die Stelle seines in den Ruhestand versetzten Vorgesetzten Wilhelm Knappstein in Hannover übernommen und ließ sich gelegentlich Meldungen über den Fortschritt beim weiteren Ausbau, für den er nicht mehr verantwortlich war, vorlegen. Es schien weiterhin alles nach Plan zu laufen.

Treibeis

Der Dezember des Jahres 1879 war eisig, und die Fluten hatten eine hohe Eisschollenschicht auf dem Watt zusammengeschoben. In der kleinen Kate der Witwe Wellpott, direkt am Deich in Tettens gelegen, bereitete man sich auf das Weihnachtsfest vor. Die Witwe hatte drei gesunde, kräftige Jungen. Der älteste war konfirmiert, erlernte das Tischlerhandwerk in Brake und hatte schon Ostern bei Antritt seiner Stelle den Weihnachtsbesuch angekündigt. Die beiden jüngeren Brüder freuten sich, ihn nun endlich wieder zu sehen. Mutter Wellpott ging es nicht anders, und bei aller Schlichtheit im Hause sollte es doch ein schönes Fest werden. Einen Tannenbaum gab es nicht, dafür erhielten sie vom Nachbarn einen großen Tannenzweig, der aufgeputzt wurde. Auch sonst lebte die Familie in äußerst bescheidenen Verhältnissen. Die Mutter nähte und strickte schon seit den Herbsttagen, in denen die Blätter der hohen Eschen durch die Luft wirbelten und der Wind im Schornstein seinen heulenden Gesang anstimmte. Bei loderndem Torffeuer war die Zeit der Geschichten und Erzählungen gekommen.

Die Wellpotsche hatte darin ein großes Geschick, und ihre Jungen wollten immer wieder die Geschichte von den blonden *Seewiefkes*, die schon manchen Steuermann aufs offene Meer gelockt hatten, hören. Keiner dieser Seeleute wurde jemals wieder gesehen. Wich die Erzählerin auch nur in Nuancen von ihrem Märchen ab, wurden sogleich Fragen laut. War es nicht so oder so oder noch anders gewesen? Und war nicht doch einmal eines dieser *Seewiefkes* vom Sturm an den Deich getrieben worden und konnte nur mit Mühe zum Manglütjensand zurück robben? Denn Füße hatte sie nicht, dafür eine Flosse wie ein Schweinswal. Man hatte doch auch schon davon gehört, dass ein Fischer das erschöpfte Seewesen auf einem Schlickrutscher bis zum Priel gebracht hatte. Beim nächsten Fang sei sein Netz so voll wie noch nie gewesen.

„Mutter, diesmal hast du aber eine Menge ausgelassen", bemängelten die Kinder. „Dafür musst du noch eine zweite Geschichte erzählen, du weißt schon!"

„Na gut, dann die über einen humpelnden, unbekannten Mann mit einer großen roten Ballonmütze, die er tief ins Gesicht gezogen hatte. Am heiligen Sonntag lief er vor Langwarden durchs Watt und scheinbar mühelos packte er lauter Butt aus den Prielen in seinen großen Jutesack. Ein Fischer, angelockt durch einen solch vielversprechenden Fang, folgte ihm immer weiter hinaus, so dass schon bald der Kirchturm des Kirchspiels nur noch als kleine Spitze zu erkennen war. Immer schwerer wurde der Sack mit den Fischen, solch einen Fang hatte er sein Lebtag noch nicht gehabt. Plötzlich war der Mann mit der roten Mütze verschwunden, eben hatte er noch triumphierend einen besonders großen Fisch hochgehoben und gewunken.

Weit und breit war nur graues Watt zu sehen, über das immer schneller die Flut auflief und den Fischersmann von allen Seiten umzingelte. Nun musste er um sein Leben rennen. Er warf den Sack ins Wasser, das schon seine Knie umspülte und konnte nur mit allergrößter Mühe wieder festes Land erreichen."

Wer mag der Mann mit der roten Mütze wohl gewesen sein? Hermine Wellpotts Jungen stellten die abenteuerlichsten Vermutungen an und spannen daraus ihre eigenen Fantasien. Eiferten darin, sich in den erstaunlichsten Spekulationen zu übertreffen.

Am allerliebsten mochten die Jungen aber die Geschichte von den drei waghalsigen Buben hören, die vor vielen Jahren mit ihrer Mutter und Großmutter in einer winzigen Kate lebten, die schon halb verfallen war.

„Nun aber ab mit euch in den Alkoven, wir wollen warten,

bis euer Bruder da ist. Für den fehlt sonst an Weihnachten etwas", Mutter Wellpott vertröstete die beiden Buben.

Einen Tag vor Weihnachten klopfte die Nachbarin ans Tor und brachte einen großen Rosinenstuten und leckere Schmalznüsse, die in einer extra Portion Puderzucker gewendet waren. Eine Köstlichkeit, die es im Hause Wellpott sonst nicht gab.

Am Heiligen Abend kam, wie versprochen, der Bruder nach Hause. Bis Nordenham war er mit dem Zug gefahren und von dort hatte er sich zu Fuß auf den beschwerlichen Weg ins Dorf am Deich gemacht. Schwer hatte er an seinen beiden Taschen zu tragen und wie froh war er, als er seine Brüder entdeckte, die ihm auf halber Strecke entgegenkamen und beim Tragen halfen. Unterwegs gab es kein anderes Thema als Weihnachten und allen wurde der Mund wässrig, als sie an den Rosinenstuten und die Schmalznüsse dachten.

Frerk Wellpott, der angehende Tischler, hatte seiner Mutter eine hölzerne Kieke angefertigt und mit Walzblech ausgeschlagen, damit Glut eingefüllt werden konnte. So blieben beim abendlichen Erzählen ihre Füße warm. Für seine Brüder hatte er hölzerne Lineale, Griffelkästen und Bilderrahmen gemacht. Es herrschte eine große Freude. Die Familie war endlich wieder vollzählig beisammen und bei Kerzenlicht ließen sie es sich gut sein. Weihnachtslieder wurden gesungen und dann drängten die Knaben ihre Mutter, nun endlich die Geschichte von dem Abenteuer auf den Eisschollen zu erzählen.

„Es war ein langer Winter. Schon Ende November gab es die ersten frostigen Nächte. Das Thermometer sollte bis in den Februar hinein nicht über Null steigen. Hohe Schneeverwehungen machten es den Menschen fast unmöglich, ins nächste Dorf zu gelangen. Selbst die robusten Oldenburger Kaltblüter hatten Mühe, die großen Pferdeschlitten der Bauern zu ziehen. War eine erste Spur gelegt, erleichterte das die Fahrten. Gut, dass in den Häusern den Sommer und Herbst über vorgesorgt war. Nur Wasser konnte nicht aus den Brunnen geschöpft werden. In jedem Haus standen die Eimer mit Schnee gefüllt am Herd.

Für die Kinder am Deich entstand ein Paradies. Sie sprangen in die aufgetürmten Schneemassen und waren metertief verschwunden. Bogen sich vor Lachen, wenn sie sich endlich befreit hatten. Es ist ihnen nicht anders gegangen als euch", die Wellpottsche sah einen Augenblick ihren Ältesten an und blinzelte ihm zu. „Abends standen die Hosen steifgefroren am Kamin und fielen langsam in sich zusammen, wenn die aufsteigende Wärme ihnen zusetzte."

„Stillgestanden, Grenadiere, richt euch!", ergänzte der Jüngste, „das war unser Schlachtruf."

Bevor die Mutter in ihrer Erzählung fortfuhr, nahm sie einen Schluck heißen Tee, ihre Stimme war schon ganz heiser geworden.

„Das Watt glänzte in der kahlen Wintersonne, die immer nur kurze Augenblicke hinter den Wolken hervorschaute. Dort entdeckte sie drei Knaben, die gleich nach dem Mittagessen den Deich hinunterschlitterten, sich über das Deichvorland bis zum Watt durchkämpften, wo meterhohe Eisschollen sich zu Ungetümen aufgetürmt hatten und den Weg versperrten. Doch die drei ließen sich dadurch nicht aufhalten, kletterten die Klippen empor, sprangen wagemutig hinab, wanden sich durch enge Schneisen und besiegten Scholle um Scholle. Kämpften mit den Eisriesen und drangen immer weiter vor in die eisige Wüste. In ihren Eroberungsstürmen merkten sie nicht, dass die Sonne längst hinter grauen Wolken verschwunden war und sich von See her dichter Nebel ausbreitete und die drei Abenteurer bald kaum noch die Hand vor Augen sehen konnten."

Hier war es Zeit, erneut zum Teepott zu greifen. Mutter

Wellpott räusperte sich bedeutsam. Sie schaute ihre beiden Jüngsten an, die inzwischen unruhig auf den Stühlen hin- und herrutschten. Wenn der übliche Verlauf auch in diesem Jahr erfolgen würde, dann hatten die beiden sich wieder einen anderen Ausgang der Geschichte zusammengesponnen.

Es habe nicht lange gedauert, so setzten sie die Erzählung fort, da hätten die drei jegliche Orientierung verloren. Von Bremerhaven und aus den kleinen Sielhäfen seien die Nebelhörner zu hören gewesen. Das hätte sie vollends verwirrt, so dass sie schließlich nicht mehr wussten, wie sie den Weg zurückfinden konnten. Sie waren aber nah beieinandergeblieben und spürten die eisige Kälte an sich hochkrabbeln. Ihre Holzpantinen seien von den scharfen Kanten des Eises stark beschädigt worden und über kurz oder lang würden sie zerbrechen. In ihrer Not hätten sie um Hilfe geschrien, doch keiner im Dorf sei auf sie aufmerksam geworden.

„Aber“, so fuhr der Zweitälteste fort, „die Mutter und die Großmutter der Buben waren schon längst auf den Deich gestiegen. Riefen und riefen. Doch auch diese Rufe, die immer verzweifelter wurden, verhallten im Watt ungehört. Allerdings bemerkten die anderen Bewohner des Dorfes, dass Hilfe benötigt wurde. Die Männer wurden zusammengerufen, organisierten eine Postenkette und kämpften sich durch die Eismassen.“

„Jetzt bin ich aber dran“, der kleine Wellpott schob seinen Bruder beiseite. „Natürlich kannten alle den Weg zur halbfertigen Insel Langlütjen II wie im Schlaf. Es waren doch etliche beim Bau beschäftigt. Alle waren sich einig, dass die Buben diesen Weg eingeschlagen hatten. Endlich erreichte der vorderste Mann der Postenkette den Inselsockel und hörte ein lautes Gebell. Der Wachhund hatte angeschlagen und der Wärter trat aus seinem Häuschen heraus. Er entdeckte den Suchtrupp und rief ihnen vom oberen Inselrand zu:

‚Ihr sucht wohl die drei Lausejungen? Kommt hoch, die

habe ich vor einer Stunde von einer Eisscholle gerettet. Sitzen jetzt am Feuer und heulen wie die Schlosshunde.‘“

„Na, da hast du dir aber was ausgedacht“, unterbrach Frerk Wellpott seinen jüngeren Bruder, „wer’s glauben mag? Wie lange erzählt Mutter schon die Geschichte? Da gab’s die Insel noch gar nicht. Nee, das Ende mit dem Klabautermann, der sie alle drei mitgenommen hat, gefällt mir besser. So wird es doch an der Küste überall erzählt. Vor allem können wir uns fantastische Fortsetzungen ausdenken. Stell dir vor, was alles der Schiffskobold mit den Jungs angestellt haben könnte. Ich könnte mir...“

„Und ich finde“, sprang Mutter Wellpott ihren Jüngsten bei, „das glückliche Ende, das ihr euch für dieses Jahr überlegt habt, gefällt mir besser. Es passt gut zum heutigen Christfest. Ich habe in all den Jahren, als ich euch diese Geschichte erzählte, immer an meine drei Jungen denken müssen. Gut, dass ihr nicht so waghalsig und unvernünftig gewesen seid. Obwohl...,“ hier sprach sie nicht weiter und schaute ihre drei Rabauken nur kopfschüttelnd an und die wussten, an welch aufregendes Ereignis sie in diesem Augenblick denken musste, waren die drei vor einigen Jahren selbst tollkühn auf den Eisschollen herumgeklettert und abgetrieben worden. Die Rettungsaktion der Männer aus dem Dorf war damals ähnlich verlaufen, wie sie nun in der Erzählung der Buben, allerdings in immer neuen Varianten, auftauchte.

„Jetzt gibt es noch heißen Fliederbeersaft und die letzten Schmalznüsse. Und dann ab ins Bett“, bekamen die Jüngsten zu hören. „Mit Frerk habe ich noch einiges zu besprechen“, die Wellpottsche zwinkerte ihrem Ältesten zu, „Tischlermeister Schmidt hat einen Brief mitgegeben.“

Ausgerechnet Bananen

Die endgültige Fertigstellung der Inselfestung Langlütjen II sollte noch einige Zeit dauern und in den Abenteuergeschichten der Wellpott-Jungen zu allerlei Spekulationen und Vermutungen führen. Die wurden dann jedoch, als die Buben älter wurden, abgelöst von der Aufzählung waffenstarrender Inselneuigkeiten. Der *Butjenter Bote* berichtete in aller Ausführlichkeit über das kriegsertüchtigte Weserfort. So konnten die Dorfjungen die genaue Bewaffnung des Forts beschreiben und malten sich aus, wie die fremden Kriegsschiffe, die es wagten, in die Wesermündung einzudringen, zerstört wurden. In ihren Spielen wurden die 28cm Ringkanonen in den fünf Einzelpanzertürmen auf die feindliche Flotte gerichtet, unterstützt von zwei 15cm Kanonen im Zwillingspanzerturm. Die imaginären Gefechte kannten nur einen Sieger, der mit seiner Feuerkraft alle angreifenden Kriegsschiffe zerstörte. In der Sandkiste wurden die geographischen Gegebenheiten modelliert, und da der Ausgang der Seeschlacht bereits feststand, wollte keiner der Buben die angreifende Partei darstellen. Viel lieber gehörte man zu den jubelnden Soldaten des 9. Schleswigschen Fuß-Artillerie-Regiments, die das Personal für die Weserforts abstellten. Doch die schoben auf der Insel eine ruhige Kugel, holten sich gelegentlich in den feucht-kalten Kasematten eine gehörige Erkältung. Ansonsten zogen die langen Tage sich quälend dahin, nur unterbrochen vom Faustballspielen auf dem Exerzierplatz und vom Buttpedden im seichten Wasser der Priele bei Ebbe. Höhepunkt waren die dienstfreien Tage mit Ausflug nach Geestemünde und Bremerhaven, wo die Damen des Gewerbes ihnen in den Diensten des Vaterlandes den Sold aus der Tasche zogen. Die braven Fuß-Artilleristen stießen sich ordentlich die Hörner ab. Und wenn die Tristesse gar zu heftig zuschlug, verabredete man sich mit den Fischern Hermann von Aswegen und Walter Müller, um mit deren Schlickrutschern Wattrennen zu veranstalten. Ein Gaudi besonderer Art. Hinterher gab's Wumken und gebratenen Butt satt. Der Inselkommandant drückte ein Auge zu, wusste er doch nur zu gut, dass die langen Herbst- und Wintermonate vielen seiner Artilleristen zusetzten.

Die Kriegsspiele verloren für die Dorfkinder bald an Attraktivität, denn es erfolgte kein feindlicher Angriff. Der gewonnene Krieg gegen den Erbfeind Frankreich verblasste, wenn auch zögerlich, in der Erinnerungswelt und die nachwachsende Generation wuchs mit den friedlich im Schlick dösenden Weserforts Langlütjen I und II auf. Lediglich die einige Male im Jahr stattfindenden Schießübungen störten die ländliche Ruhe am Weserdeich. Die Hasen und Kiebitze verließen verstört die Salzwiesen des Vordeichgeländes, und es würden ein paar Wochen ins Land gehen, bis man die Langohren und Flugakrobaten wieder entdecken konnte.

Ein gesellschaftliches Ereignis waren solch Schießübungen allemal. Kamen doch hohe Offiziersränge angereist, die ihre vor Stolz geschwellten Ordensbrüste unter der Sonne blinken lassen wollten. Unter ihnen General Leo Graf von Caprici und Prinz Heinrich von Preußen, Großadmiral und Generalinspekteur der Kaiserlichen Marine. Beliebt bei den Marinesoldaten und von der Bevölkerung enthusiastisch begrüßt, wenngleich man den Prinzen nur an Bord seiner Yacht *Irene* sehen konnte, wie er mit devoten Bordgästen parlierte und schon bei den ersten Regentropfen unter Deck verschwand.

Ausgerechtet unser Heinrich ist nun Großadmiral, dachte sich Kaiserin Victoria, im Volksmund liebevoll Vicky genannt, die doch vorher privatissime in einem Brief an die englische Verwandtschaft geschrieben hatte:

„...er ist schrecklich zurückgeblieben in allem, hoffnungslos faul, langweilig und träge...“

Gar so träge blieb der Hohenzollernprinz nun auch wieder nicht. Verheiratet mit seiner Cousine, Irene Luise von Hessen, einer Schwester der letzten russischen Zarin Alexandra, war er schon bald der in Ungarn geborenen königlich-preußischen Kammersängerin Julie Salinger zugetan und zeugte mit ihr zwei uneheliche Söhne, die Grafen Otto und Gustav von der Schulenburg. Auch hier war Heinrich seinem Kaiserbruder im Fahrwasser gefolgt, um bei der Sprache der Segler zu bleiben. Wilhelm brachte es als Kronprinz auf mindestens drei außereheliche Kinder, wobei man munkelte, dass er anlässlich eines Besuches in Wien nichts gegen einen Bordellbesuch einzuwenden hatte.

Nun, im Segelsport sammelte Heinrich etliche Meriten und war auch im Umgang recht gesellig, sogar ein gewisses diplomatisches Geschick lag in seinem Naturell. Das reichte seinem älteren Bruder, dem späteren Kaiser Wilhelm II., um ihn in sein Spinnennetz *Kaiserliche Marine* einzuweben. Da war Diplomatie, insbesondere im Hinblick auf den englischen Zweig der Familie, der sich einem Ausbau der deutschen Kriegsmarine störrisch widersetzte, eine nicht zu unterschätzende Begabung, die ihm, Wilhelm, nun völlig abging.

Bei strammem Ostwind konnten die Tettenser Dorfbewohner den Hornisten des Weserforts hören, der um 21.45 Uhr zum ersten Zapfenstreich blies.

„Zu Bett, zu Bett, ihr Lumpenhund, es schlägt die letzte Viertelstund! Zu Bett! Zu Bett! Zu Bett!“

Es folgte um Punkt 22.00 Uhr das letzte Signal:

„Soldaten müssen zu Bette gehen und nicht mehr bei den Mädchen stehn!“

Wobei der ein oder andere sich gefragt haben wird, wo denn die Mädchen wohl mitten im Watt herkommen sollten. Doch die meisten Dorfbewohner lagen um diese späte Stunde längst im Tiefschlaf unter ihren Daunendecken, begann doch bereits in aller Frühe der mühselige nächste Arbeitstag.

Erst mit Beginn des Ersten Weltkrieges wurde auch den Bewohnern der kleinen Dörfer am Weserdeich die bedrohliche Lage im Mündungsgebiet des Flusses wieder bewusst. Die Propaganda stilisierte mit martialischen Worten die Weserforts zu uneinnehmbaren Festungen hoch und die III. Matrosen-Artillerie-Abteilung, 4. Kriegskompanie, rückte in die Verteidigungsstellungen ein.

„Dat ward jo ok Tiet, dat se de Foot Artilleristen ut Schleswig afflöst. To de Matrosen hefft wi hier an de Küst doch mehr Vertroon“, war die einhellige Meinung.

Diesen Vertrauensvorschuss konnten die tapferen Männer der 4. Kriegskompanie allerdings nicht mit Sperrfeuer aus allen Geschützen („bis die Rohre glühen“) bestätigen. In den vier Kriegsjahren erschien kein einziges feindliches Schiff am Horizont, und die scharfe Munition wartete im Arsenal des Inselinnern vergeblich auf erfolgreichen Einsatz.

Überrascht wurden alle vom schmachvollen Ende des Krieges, stand doch das eigene Heer überall in Feindesland und war unbesiegt. Und nun das. Revolution. Matrosenaufstand in Kiel und Wilhelmshaven. Die Marinesoldaten wollten nicht mehr als Kanonenfutter herhalten. Die Offiziere auf der Festungsinsel Langlütjen II waren ratlos und versuchten, Ruhe zu bewahren. Vergeblich. Die Mannschaft meuterte, besetzte die Waffenkammer und das Munitionsdepot. Dem Kommandanten, Friedrich von Kücknitz, blieb, um ein Blutvergießen zu verhindern, nichts anderes übrig, als mit seiner Führungsriege zu kapitulieren. Herbert Kaliebe und Sigismund Adromeit, brave Marinesoldaten aus Ostpreußen, die sich flugs in Rot Front Gesinnungsgenossen gewandelt hatten, forderten nun lautstark, *„das ganze verlogene adelige Pack an die Wand zu stellen"*, und fuchtelten mit ihren Karabinern vor der Nase des käsebleichen von Kücknitz herum, bis zwei beherzte Oberbootsmänner für Ruhe und Ordnung sorgten.

Ein Transportschiff wurde in Geestemünde angefordert, und mit der nächsten Flut verließen die Soldaten unter lautem Gejohle Langlütjen. Nur die Matrosen Egon Andresen und Maximilian Schütt verblieben freiwillig als Wache. Schlitzohrig hatten sie die Schlüssel zu den schweren Doppeltüren des Verpflegungsdepots versteckt und so für die nächsten Monate ausreichend Nahrung und Getränke. Auch der eingelagerte Getränkebestand der *„Offziere"* hatte ab sofort zwei neue Befehlshaber.

In den folgenden Tagen waren es nur ein paar Fischer, die die Festung betraten. Mit ihrem Kutter legten sie am östlichen Pier an und Andresen und Schütt waren begierig, die neusten Nachrichten zu hören. Aus dem immer noch üppigen Verpflegungsbestand wurde für die Überbringer der Neuigkeiten stets etwas abgezweigt. Da zeigte man sich nicht knauserig. Mancher Flasche, der abgesetzte Kommandant war ein ausgesprochener Liebhaber französischer Weine, wurde *„das Genick gebrochen"*, wie Maximilian Schütt zu sagen pflegte. Die Kutterkapitäne stellten sich mannhaft der roten Herausforderung und manches Mal fielen die kleinen Fischerboote trocken und konnten erst mit der nächsten Flut zum heimatlichen Hafen in Waddenser- und Fedderwardersiel zurückkehren. „Maschinenschaden", wurde dann den wartenden Ehefrauen vorgeflunkert, die schon voller vorgespielter Sorgen auf ihre Seebären warteten. Sie hatten längst Lunte gerochen. Es dauerte nicht lange, so machten sich auch immer wieder Tettenser Dorfbewohner auf den Weg durchs Watt und halfen fleißig dabei, den Bestand des Hochprozentigen zu reduzieren. Rotwein war weniger gefragt.

Als die Kriegsschuldfrage alleinig dem Deutschen Reich in die Schuhe geschoben wurde und die Mär von dem feigen Dolchstoß, den man dem eigenen, unbesiegten Heer in den Rücken versetzt hatte, auch die Wesermarschler erreichte, konnten die Menschen erahnen, was ihnen auferlegt werden würde. Der Versailler Vertrag übertraf die allerschlimmsten Befürchtungen und so taumelte das Deutsche Reich in allen Bereichen dem Abgrund zu.

Andresen und Schütt mussten das Fort verlassen, die Sieger übernahmen das Kommando und das leergesoffene Getränkedepot. Sämtliche Geschütze und Befestigungen wurden abgebaut und die riesigen Betonfundamente eingeebnet. So erhob sich schon bald nur noch das nackte Gerüst einer künstlichen Insel aus dem grauen Watt. Die militärische Bedeutung, wenn sie denn überhaupt jemals real vorhanden war, versank im tiefgrundigen Schlick, den die Nordsee täglich heranspülte.

„De Böbersten hefft sik affsluut verreekend, dat ganze Geld nich in'n Sand – nee, in'n deepen Modder sett", Wilhelm Reinders sprach an der Theke des *Goldenen Ankers* aus, was viele hier dachten. Ihr *Lütt un Lütt*, ein kleines Bier mit einem ordentlichen Korn dazu (mööt een Hullmanschen ween), konnten sich immer weniger leisten, und so lohnte es sich schon bald nicht mehr, die Gasthoftüren zu öffnen. Der Wirt wollte in diesen unsicheren Zeiten auch nicht mehr anschreiben.

Wenn den Leuten einer gesagt hätte, dass schon bald eine Zeit anbrechen würde, die sie alle in ein noch größeres Verderben stürzen würde, hätte keiner solchem *dummerhaftigen Gesabbel* geglaubt.

Zunächst musste das stetige Auf und Ab der Weimarer Republik überstanden werden. Aus tiefster Hoffnungslosigkeit der Hyperinflation von 1923 erblickte man nach der Einführung der Reichsmark unerwartet ein paar Silberstreifen am Horizont. Die Aufnahme der Weimarer Republik in den Völkerbund, einige Veränderungen des Knebelvertrages von Versailles und eine leichte wirtschaftliche Erholung und Stabilisierung waren durchaus Mutmacher, so dass man über einen kurzen Zeitraum von den Goldenen Zwanziger Jahren sprach. Sensationell der legendäre Tanz im Bananenröckchen auf nackter Haut von Josephine Baker, der die Besucher der Varietés in Berlin und Paris elektrisierte. Bananen, ja die konnte man jetzt tatsächlich wieder in den kleinen Kolonialwarenläden und an den Marktständen kaufen, obwohl der *Reichslandbund* vehement dagegen Sturm lief und in einer Kampagne die Banane verantwortlich machte für Kinderlähmung und Typhus. Es half nichts. *Der Deutsche bevorzugt nun einmal Auslandsware,* klagten die Importgegner. Die Reedereien Hapag und Norddeutscher Lloyd schafften die beliebte Frucht mit neuen Kühlschiffen heran, als Mitte der Zwanziger Jahre die Importbeschränkung aufgehoben wurde. Und das Lied *We have no bananas,* aus dem der Wiener Librettist Fritz Löhner-Bade den Gassenhauer *Ausgerechnet Bananen* kreierte, dessen Refrain bald in aller Munde war, trug zur Popularität der gelben Frucht bei.

„Ausgerechnet Bananen, Bananen verlangt sie von mir! Nicht Erbsen, nicht Bohnen, auch keine Melonen, das ist ein Schikan' von ihr.! Ich hab´` Salat, Pflaumen und Spargel, auch Olmützer Quargel, doch ausgerechnet Bananen, Bananen verlangt sie von mir!"

Die Banane als Statussymbol. Auch wenn sie sich nicht jeder leisten konnte, sie war wieder da. Wer erinnert sich heute nicht an spätere Zeiten in der DDR, als es Bananen nur in äußerst seltenen Fällen in den Konsumladen schafften. Kurzen Prozess machten die Nationalsozialisten schon gleich nach der Machtergreifung. Importverbot!

„Deutsche essen deutsches Obst!"

Vertreibung

Katastrophal wirkte sich die Bankenkrise, der schwarze Freitag von 1929, auf die politisch und ökonomisch instabile Weimarer Republik aus. Innerhalb kürzester Zeit schoss die Zahl der Arbeitslosen in die Höhe. Mit sechs Millionen übertraf sie alles Vorstellbare. Die Weltwirtschaftskrise katapultierte die Firmen in die Pleite und die Menschen in bitterste Armut. Überall herrschte Mangel und Not, ein Gefühl der Aussichtslosigkeit lähmte geradezu viele Menschen.

Nicht aber die Anhänger radikaler Parteien auf der linken und rechten Seite des politischen Spektrums. Kommunisten, im Spartakusbund zusammengeschlossen, lieferten sich mit der Sturmabteilung der Nationalsozialisten wüste Schlägereien auf Straßen, Plätzen und in Versammlungssälen. Der Mob regierte die Straße.

Regierungen wechselten fast im Monatstakt und hektisch anberaumte Wahlen sollten für stabile Mehrheiten sorgen. Daraus wurde nichts. Im Januar 1933 war die Machtergreifung der Nazis vollzogen.

Auch in der Wesermarsch hatten die Nazis ihre frenetische Anhängerschaft, insbesondere unter der bäuerlichen Bevölkerung. Man fühlte sich dem *Reichsnährstand* in Treue zugehörig und verpflichtet. Die *Blut-und-Boden-Ideologie* idealisierte bäuerliche Lebensformen und verknüpfte damit rassistische und antisemitische Ideen. Eine germanisch-nordische Rasse werde dem jüdischen Nomadentum schon Einhalt gebieten. In der Marsch merkten das zuerst einige jüdische Viehhändler, die kein Vieh mehr bei den Bauern aufkaufen konnten und schon bald aus der Region verschwunden waren. Wohin? Man merkte schnell, dass das unliebsame Fragen waren.

Viehhändler Rodde, von arischer Abstammung, allerdings nicht gerade eine blonde und blauäugige Vorzeigefigur, sah man in Braunhemd und Breeches herumstolzieren. Die glänzenden schwarzen Lederstiefel marschierten ungerührt durch den Schneematsch und die von Pfützen übersäten Wege. Er, der die Volksschule nur mit Müh und Not und üppigen Wurst- und Schinkenzuwendungen seines Vaters an den Lehrer abschließen konnte, war nun bald Kreisbauernführer und führte das große Wort. *Unsere Fahne flattert uns voran,* Reichsjugendführer Baldur von Schirach hatte den Text zu diesem Lied geschrieben und Rodde ließ es begeistert immer wieder von den Jungbauern auf den Veranstaltungen anstimmen, zu denen auch die Jungs der Hitlerjugend abkommandiert waren. *Volk ans Gewehr* und *Es zittern die morschen Knochen* spiegelten die Gesinnung der neuen Machthaber wider.

Emil Pleitners *Butjenter Lied* geriet ins Hintertreffen. *Du liggst so stolt, so smuck un riek, dor an de Waterkant...* ist zeitenbedingt durch die Heimatschutzbewegung und die national konservative Gesinnung des Textverfassers geprägt, doch wurde der Tod fürs Vaterland nicht glorifiziert, auch der militaristisch, aggressive und kampfbereite Unterton bis hin zur Todesverachtung war und ist diesem Lied fremd.

Schon bald musste jedem klar werden, dass Deutschland in die Katastrophe des 2.Weltkrieges hineinstürmen würde, angeführt vom *böhmischen Gefreiten* und dessen nimmermüdem Propagandachef mit dem Hinkefuß. Die Weserforts hatten durch die Entwicklung der neueren Kriegstechnik an Bedeutung verloren, doch wurden sie als Flakstellungen wieder hergerichtet, um Bremerhaven vor Fliegerangriffen zu schützen.

Siegfried Willers lebte schon einige Jahre zurückgezogen auf Langlütjen II. Er hatte die Grauen des Krieges vor Verdun erlebt und war für sein weiteres Leben traumatisiert. Die Gefechte waren vorbei, aber die Soldaten kämpften noch immer. Flashbacks, Albträume, Depressionen – hartnäckige Quälgeister, von denen sie in den Nächten aufgesucht wurden, die nicht loslassen wollten. Siegfried gehörte zu den menschlichen Wracks, denen es wenigstens zeitweise gelang, dem seelischen Trümmerfeld zu entkommen.

Bald nach dem Abtransport der Kanonen und Geschütze hatte er 1919 die Insel im Alleingang erobert. In den Kasematten richtete er sich notdürftig ein und ruderte nur gelegentlich nach Geestemünde, um Besorgungen zu tätigen. Dort war der verschrobene, immer ein wenig zitternde Veteran bekannt wie ein bunter Hund. Die Kinder liefen ihm hinterher, sangen ihre Spottlieder und achteten darauf, dass sie ihm nicht zu nahe kamen. Mit seinem langen Bart, der speckigen Kleidung und einem bewusst zur Schau gestellten ungepflegtem Äußeren hielt er die Leute auf Distanz. Ohne Alwine Ressel, die ein kleines Milchgeschäft im Souterrain eines maroden Mehrfamilienhauses führte, wäre Willers wohl nicht über die Runden gekommen. Sie hatte als Kriegerwitwe, deren Mann in Frankreich einem Gasangriff zum Opfer gefallen war, Mitleid mit Siegfried. Es bildete sich zwischen ihnen ein ungewöhnliches Vertrauensverhältnis. Ohne Vorbehalte hatte Alwine den Vorüberschleichenden eines Tages von der Straße mit in ihren schäbigen Laden gezogen und ihm ein Glas Milch angeboten. Es war ihr gelungen, Willers in ein Gespräch zu verwickeln, und sie erfuhr darin von seinen Kriegserlebnissen. Als sie ihm vom Tod ihres Mannes erzählte, entstand für einen kurzen Augenblick eine Stimmung, von der beide später überzeugt waren, dass dort der Ursprung ihres gegenseitigen Vertrauens herrührte.

Sie packte von dem Wenigen, was sie selbst zum Leben hatte, reichlich in den schäbigen Rucksack ein, in dem Willers immer ein paar Fische und Krabben für sie mitbrachte.

„Frische Butt, Alwine“, sagte er und warf sie auf den Verkaufstresen, „hüüt morgen för di in’n Priel pedd. Se zappeln noch!“ Zur Brutzeit der Möwen und Brachvögel legte er oft noch ein paar Eier dazu, vorsichtig in Stroh verpackt. „Kiebitzeier gifft dat nich op de Insel“, schmunzelte er, womit er andeutete, dass national gesinnte Vereine aus der Wesermarsch jahrelang an Otto von Bismarck einen Schock Eier, die man den Kiebitz Nestern entnommen hatte, schickte.

Früh hatte Alwine erkannt, dass sich hinter der Fassade des kauzigen Vagabunden jemand verbarg, der sein Leben lang an den Rand der Gesellschaft gedrängt worden war. Schon in der Schule war er abgestempelt zum Außenseiter. Seine Hasenscharte wurde ihm zum Verhängnis. Wie die Schmeissfliegen stürzten sich die Kinder auf ihn, ahmten seine näselnde Stimme nach und traktierten ihn mit Knuffen und Schubsern. Es verging kaum eine Pause, wo er nicht durch ein plötzlich ausgestrecktes Bein zu Fall gebracht wurde. Die zerschrammten Knie legten Zeugnis davon ab. Siegfried beendete die Schule nicht, trieb sich im Hafen herum, hielt sich mit Gelegenheitsarbeit über Wasser und fand schließlich bei den kommunistischen Genossen eine politische Heimat. Schauerleute zum Entladen der Frachtschiffe wurden gebraucht, bis die große Wirtschaftskrise alles überrollte.

„Na, Siegi, wat gifft dat Nee's bi di op de Insel?“, war Alwines Standardfrage. Geduldig hörte sie zu. Willers, sonst eher wortkarg und Fremden gegenüber verschlossen, genoss es, Erlebnisse seiner *Wine*, wie er sie fast zärtlich nannte, zu erzählen. Wenn er Langlütjen beschrieb, so staunte die Milchfrau über die feine Beobachtungsgabe ihres Schützlings und seine anrührenden Schilderungen. Die vielfältige Tierwelt des Wattengebiets stand neben persönlichen Erlebnissen und Gefühlen immer wieder im Mittelpunkt seiner Berichte.

„Im Wind mit den Sturmmöwen um die Wette schreien, Alwine, een Naturbeleevnis. Un ik stah ganz alleen baben op de Inselkant. Kannst du di dat Geföhl vörstellen? Um den

Inselsockel tobt die See, wirft ihre mächtigen Wellen an die Sandsteinblöcke, spritzt mir die salzige Gischt ins Gesicht und kann mir doch nichts anhaben. Und danach die Stille, Wine, die absolute Stille. Wenn alles zur Ruhe gekommen ist, Wine, dann fliegen deine Gedanken nach oben. In den hellen Sternenhimmel. Machen am Mond Halt, um dann unendlich weiter hinaufzusteigen, jümmers hoger, jümmers hoger. Un denn frag ik mi, woneem is dor noch een Grenz? Gifft dat denn gor keen Enn? Oder taucht doch irgendwann eine verschlossene Tür oder ein unüberwindbarer Zaun auf? Nee, Wine, ik glöv, dor baben sünd wi all tohoop gliek. Dor gifft dat keen Ünnerscheed mehr mang de Minschen."

Doch auch die Veränderungen der Strömungsverhältnisse im Wattengebiet rund um die Insel, die Verlagerungen der Priele und das feine Geäst der sich neu bildenden Wasserläufe entgingen Siegis Beobachtungen nicht.

„De Natur, Wine, de söcht sik ehren Weg, ok wenn du meenst, du kannst dor tegen angahn. Die Insel, Alwine, noch steht sie als festes Bollwerk auf dem Watt. Doch ich spüre die Erschütterungen. Mit jeder Flut schickt die See ihre zerstörerischen Kräfte. Irgendwann"..., Willers zog den Rucksack vom Tresen, legte drei Finger an den rechten Mützenrand und stapfte zurück zum Ruderboot.

Abends, wenn Alwine ihr Milchgeschäft blitzsauber geschrubbt hatte, machte sie sich auf den Weg zum Deich. Von der Hafenausfahrt in Geestemünde schaute sie rüber nach Langlütjen II. Tief im Westen ging die Sonne wie ein riesiger Feuerball unter. Das blanke Watt hielt die gelben und orangefarbenen Strahlen noch ein wenig fest, so als wolle es den Tag nicht loslassen. Alwine genoss diese stille Stunde, war erfüllt von dem besonderen Zauber, den die Symbiose von Stille und Farben in ihr hervorrief. Noch kämpfte das rote Flammenmeer mit dem Schattengebilde der Insel, das langsam die Überhand gewann und sich nach Osten ausbreitete, ein tiefes, fast schwarzes Blau vor sich herschiebend, bis es im Fahrwasser der Weser versank. Wie oft hatte Alwine hier gesessen und über das nachdenken müssen, was Siegi gesagt hatte. Vielleicht würde der Glaube an die gleichen Rechte der Menschen über die kommende Zeit hinweghelfen. Siegi meinte, sie in den politischen Manifesten der Kommunisten und in Relikten kindlicher Glaubensvorstellungen zu finden. Ein seltsames Gemisch, das sich Alwine nicht zu eigen machen konnte. Aber sie wollte Willers nicht widersprechen, wenn er dadurch wieder festen Boden unter die Füße bekam. Doch ihre Zweifel blieben, wurden noch verstärkt, seit ihr Sohn in nagelneuer brauner Uniform nach Hause gekommen war. Alwine spürte, dass etwas verloren ging. Mit stolz geschwellter Brust lag er ihr mit dem Geschwafel in den Ohren, dass sich nun alles zum Besseren wenden würde. Warum dazu die Verfolgung und Ausgrenzung von Menschen gehörte, die jahrelang als gute Nachbarn in ihrer Straße wohnten, hatte er mit einer Handbewegung abgewehrt. Weggewischt die Hilfsbereitschaft und Unterstützung, auf die sich die Familien der Arbeiter der nahen Werft untereinander immer verlassen konnten.

„Du trägst daran eine Mitschuld", hatte sie ihrem Sohn auf seine Hasstiraden hin erwidert, „es traut sich ja keiner mehr, was zu sagen. Die Naujocks, die Seipels, die Niemeiers machen einen großen Bogen um mich. Wie oft hast du mit deren Kindern im Hof gespielt? Wie selbstverständlich hast du mit an deren Tisch gesessen, genauso, wie sie zu uns gekommen sind. Und diese Menschen sollen nichts mehr wert sein? Schäm dich, Wilhelm, schäm dich in Grund und Boden. Wenn das dein Vater noch erlebt hätte!"

Siegfried Willers erwähnte sie lieber nicht. Der war ihrem Sohn schon von Anfang an ein Dorn im Auge gewesen. Sie hatte es sich regelrecht verboten, an die Worte zu denken, die ihr Wilhelm entgegen geschleudert hatte. Schreckliche Worte, die sie fassungslos machten.

Nebel war aufgezogen. Zuerst legte er sich wie eine undurchdringliche Schicht auf das Fahrwasser, stieg dann vom Flussufer am Deich empor, umzingelte ihre Füße und ließ sie fröstelnd erschauern. Gedankenverloren zog sie ihre Jacke fester um den Körper, packte den Korb mit den Fischen und Eiern und machte sich auf den Heimweg. Im Hafen hatten die Fischer Feierabend gemacht, die Netze lagen geflickt und getrocknet an Bord. Boote und kleine Kutter waren fest vertäut.

Die Sirene der Werft, die den Arbeitstag beendete, war längst verstummt. Nur der Leuchtturmwärter stand auf seinem Posten.

„Alwine, nu man gau na Huus hen, ward ungemütlich", rief er ihr hinterher. Die ersten Nebelhörner schickten ihre Warnsignale über den Fluss.

Siegfried Willers Verbleib auf der Insel wurde von den neuen Machthabern im Februar 1933 auf brutale Art beendet. Mit einem Räumkommando rückten die braunen Horden an und vollzogen an dem Wehrlosen schon einmal Prügeltechniken, die wenige Monate später Gegner des Regimes erfahren sollten. Langlütjen wurde Haftanstalt. Andersdenkenden, asozialem Pack, arbeitsscheuem Gesindel, Sozialdemokraten, Kommunisten, Gewerkschaftlern sollte die rechte Gesinnung eingebläut werden.

Im *KZ Unter dem Meere*, wie es schon bald hinter vorgehaltener Hand von der einheimischen Bevölkerung genannt wurde, war das Leben nicht mehr viel wert. Hier, in der Einöde des weiten Wattengebietes, verrohten jugendliche Aufseher und wurden geschult, unnützen Mitgliedern der Gesellschaft zu zeigen, was die neue Zeit für sie bereithielt.

Aus Tettens hatten sie Heinrich verschleppt und ins Loch geworfen, die feucht kalten Kasematten im Innern des Inselbaus. Heinrich, der einzige Kommunist im Dorfe, der aus seiner Überzeugung nie ein Geheimnis gemacht hatte, wurde ein Opfer von Viehhändler Rodde, der ihn bei der Kreisleitung der NSDAP anzeigte und sich damit am Tresen der kleinen Schankwirtschaft brüstete. Die Dorfbewohner duckten sich weg. Sie gingen fortan immer seltener oder erst bei Dunkelheit zu Olga, Heinrichs Frau, die einen kleinen Stubenladen mit Artikeln des täglichen Bedarfs betrieb. Eine seltsame Situation, wenn sie dort draußen am kleinen Ausgabefenster standen und nach ein paar Kleinigkeiten verlangten. Mit keinem Wort erwähnte man die Inhaftierung Heinrichs und druckste herum, war jedoch innerlich gespannt, ob Olga etwas erzählen würde. Doch Olga sprach kaum, legte kommentarlos die gewünschte Ware aufs Fensterbrett. Sonst hatte sie mit den Nachbarn immer gerne am Fenster geklönt, man hatte sich über Neuigkeiten ausgetauscht. Das Wetter war immer ein Thema und die Fluten, die schon wieder das Deichvorland überspült hatten und das Heu, das in kleinen Hocken aufgeschichtet war, mit ins Meer entführt hatte.

„Hest du all hört“, dieser Einstieg zum Dorftratsch war nicht mehr zu hören.

Die Dörfler stiegen, wohl der alten Gewohnheit folgend, ein paar Mal am Tag auf den Deich, um ins Wetter und auf den Fluss zu schauen. Doch seit Fiete von Aswegen in seinem Fischerboot von der Insel aus beschossen worden war, wurde im Dorf nicht mehr offen über Langlütjen gesprochen. Ein Mantel des Schweigens breitete sich aus, geradeso als ob der Nebel alles unsichtbar einhüllen wollte. Hier, in einem der letzten Dörfer vor Amerika, wie es spöttisch über die kleinen, abgelegenen Wesermarsch-Orte hieß, war die Marschrichtung angekommen. Unspektakulär hatte sich der Zeitgeist im Alltag der Menschen breit gemacht. Der *Butjenter Bote,* den alle im Dorf lasen, trug mit seiner gleichgeschalteten Berichterstattung dazu bei. Von Erfolgen wurde berichtet. Nicht nur im fernen Berlin, auch direkt vor der Haustür. Endlich ging es voran. Aufwärts. Die Werften brauchten wieder Arbeitskräfte. Der Reichsarbeitsdienst holte die Leute von der Straße. Mit geschultertem Spaten zog man hinaus zu neuen Taten. Fabelhaft. Jeden Tag fünfzig Pfennige bar auf die Hand und eine warme Mahlzeit aus der dampfenden Gulaschkanone. Da blieb am Ende der Woche genug übrig, um im Dorfkrug bei *Lütt un Lütt* zu schwadronieren. Der deutsche Volkskörper stemmte sich mit aller Kraft gegen das Chaos, Viehhändler Rodde machte gute Geschäfte und ließ sich nicht lumpen. Handschlag. Was brauchen wir Verträge. Stramm in die Augen schauen. Handschlag genügt. Wie früher. Alles ehrenwerte Leute. Arbeit und Brot. Fabelhaft. Fa-bel-haft.

„Prost. Schenk noch een in, Kröger. Löppt sik allens wedder trecht, treckt sik allens na'n Liev.“

Nur Mikki, Olgas alte Schulfreundin, ließ sich von all dem nicht beeindrucken. Tagtäglich machte sie sich auf den Weg, ging erhobenen Hauptes ans andere Dorfende, um bei Olga einzukaufen. Die Dorfbewohner ließen sich nicht auf der Dorfstraße blicken, arbeiteten geflissentlich mit gesenkten Köpfen hinter den Hecken und taten so, als würden sie Mikki nicht sehen. Und wenn es doch einmal zu Begegnungen kam, so nickten sie nur kurz und hofften darauf, von ihr nicht angesprochen zu werden. Das hatte Mikki zunächst noch versucht. Redete ihnen ins Gewissen, äußerte ihr absolutes Unverständnis darüber, dass alle ihren Schwanz einzogen. Inzwischen hatte sie es aufgegeben, auch, weil Pastor Edwin Kreuzer, der alle vier Wochen Gottesdienst in der kleinen Schule hielt, nichts Besseres einfiel, als von Auferstehung zu predigen. Auferstehung der betrogenen Menschen, Auferstehung eines ganzen Volkes, das nun endlich in der neuen Regierung ihre Fürsprecher und Vollstrecker gefunden hatte. Die Schmach von Versailles würde ausradiert werden. Endlich Leute an der Spitze, „de een Moors in de Büx harrn“! so wolle er das mal klar zum Ausdruck bringen. Das würde man hier doch verstehen. Klarer Blick voraus und Gottes Segen, Amen.

Mikki war aufgestanden. Mitten in der Predigt. Schnappte sich ihr Gesangbuch und verließ den Raum. Kreuzer verlor für einen kurzen Augenblick die Contenance, nestelte an seinem Talar und zuckte zusammen, als die Tür ins Schloss fiel. Lauter als gewöhnlich. Mikki hatte ihr einen gehörigen Tritt verpasst.

Am Montag hing ein Zettel am Eingang der Schule. Der Dorf-Gottesdienst falle im nächsten Monat aus.

Heinrichs Rückkehr ließ auf sich warten. Aber er kam zurück. Anfang 1934 wurde Langlütjen II als Haftanstalt aufgelöst. Die Versorgung über den Wasserweg erwies sich als zu kostenintensiv. Die Schreie der malträtierten Häftlinge waren bis an die Kaianlagen von den dort tätigen Hafenarbeitern zu hören. Ein Zustand, der nicht mehr haltbar war. Man fürchtete sich zu Beginn des Jahres 1934 noch vor Protesten der Bewohner aus der näheren Umgebung, denen die Machenschaften nicht verborgen geblieben waren.

Findige Parteigenossen hatten an ihren Schreibtischen längst einen umfassenderen Plan entwickelt und mit brutaler, menschenverachtender Perfektion dessen Erfüllung vorangetrieben. Welch Ironie, dass am Ende des 2.Weltkrieges die Zahl von über sechs Millionen Ermordeten in den Konzentrationslagern die Zahl der Arbeitslosen vor der Machtergreifung der Nazis noch übertraf. Waren nicht auch so viele Soldaten der Wehrmacht gefallen oder galten als vermisst?

Jakob Heuermann und seine fünf Brüder, alle im Osten gefallen. Ihre Eltern Heti und Tjark hatten es nicht mehr ertragen. Zündeten den kleinen Hof an und erhängten sich mit einem Kälberstrick am Eichenpfosten in der Dreschdiele. Eine ganze Familie ausgelöscht. Das Strohdach brannte lichterloh. Mit Müh und Not konnte die Feuerwehr ein Übergreifen des Feuers auf die reetgedeckten Nachbarhäuser verhindern.

Heinrich

Heinrich überlebte. Überlebte auch eine zweite Inhaftierung. Diesmal in einem Lager im Moorgebiet des Emslandes. Als *Moorsoldat* zog er mit dem Spaten täglich ins Moor. Stand knietief im Wasser und musste mit ansehen, wie viele seiner Kameraden durch Arbeit vernichtet wurden. *Arbeit macht frei* stand wie zum Hohn über dem Lagereingang und empfing nach vielen Stunden Fronarbeit die Geschundenen. Krankheiten und Hunger brachen die Widerstandskraft der zu Skeletten abgemagerten Menschen. Die einzige Hoffnung waren die englischen Bomberverbände, die über sie hinwegzogen und ihre tödliche Fracht über Wilhelmshaven, Bremerhaven, Bremen und Hamburg abwarfen. Manch unsichtbare Faust der verlorenen Häftlinge begleitete die Flugzeuge. An solchen Tagen war es leichter, die Schikanen zu ertragen, wenngleich die Wachmannschaften wohl die heimlichen Gedanken der Gefangenen erahnten und die Knüppel auf den Rücken tanzen ließen. Nicht alle. Es gab auch solche, die wohl schon das Ende ahnten. Die Folgen der Bombardierungen, die Misserfolge an den Frontlinien ließen sich nicht mehr verheimlichen. Der Gedanke, ob man zur Rechenschaft gezogen werden würde, schlich sich heimlich in die Köpfe. Auszusprechen wagte sie keiner.

Plötzlich waren die englischen Panzer da. Mit ihnen die Soldaten, die als Befreier empfangen wurden und die nicht glauben konnten, was sie im Lager vorfanden. Elende, hohläugige Kreaturen, Lumpengestalten, die sich kaum auf den Beinen halten konnten. Heinrich hatte eisern durchgehalten und konnte sich schon bald auf den Heimweg machen. Zu Fuß. Durchs Moor. Entlang der Entwässerungsgräben, die die Moorsoldaten gezogen hatten. Tag für Tag. Bei Regen.

Unter brennender Sonnenglut. Im nasskalten November. Das war der schlimmste Monat. Im eiskalten Wasser stehen. Schlimmer noch als die Wintermonate, in denen sie den gefrorenen Torf mit der Spitzhacke bearbeiten mussten. Aber da standen sie nicht im Wasser. *„Wir sind die Moorsoldaten…“*

Unter der tiefstehenden Sonne schimmerte braun-rotes Wasser in den Tümpeln. Zerrissene Stacheldrahtzäune, schiefe Eichenpfähle, rostiger Draht. Heinrichs Wegbegleiter. Sie hatten ihre Bedrohung verloren, jagten ihm dennoch einen gehörigen Schrecken ein. Erinnerungen an die leidvolle Zeit. Würde er sie jemals überwinden können? Die ersten Nächte nach der Befreiung hatten Heinrich nicht zur Ruhe kommen lassen. Es erging ihm wie so vielen im Lager, die aus furchtbaren Albträumen erwachten und wie Geister durch die Baracken irrten. Bis sich jemand erbarmte, sie umarmte und festhielt, ganz fest umschlungen.

„He, Kamerad, es ist vorbei. Wir sind frei. Frei, Kamerad, hörst du, frei!“

Mit dieser Freiheit umzugehen, musste neu erlernt werden. Heinrich spürte es bei jedem Schritt, mit dem er sich vom Lager entfernte. Er schaute sich um. Nein, er war nicht auf der Flucht! Es gab keine Suchtrupps mit kläffenden, scharfen Schäferhunden, die den Entflohenen aufzustöbern hatten. Keine gnadenlosen Erschießungskommandos, die die Aufgegriffenen vor den versammelten Lagerhäftlingen exekutierten.

Auch wenn er sich nie hatte unterkriegen lassen, so war sein Tagesablauf doch von andern geplant und bestimmt gewesen. Der einzige Gedanke war: Überleben! Durchhalten! Sich klein machen! Den Wachmännern nicht in die Augen schauen! Das führte dazu, dass man mit einer Sonderration Prügel zu rechnen hatte. Spießrutenlaufen. Daran denken, die Mütze rechtzeitig vom Kopf zu reißen und seine Nummer laut und deutlich anzusagen. Die sechsstellige

Häftlingsnummer, die am linken Unterarm eintätowiert war. Der Name war hier am Lagereingang abgelegt worden. Ausradiert. Die Nummer war wichtig. Man war nur noch eine Nummer. 364732. Heinrich würde sie niemals vergessen. 364732!

In den langen Monaten der Haft sah er neben sich Mitgefangene untergehen, weil sie es nicht schafften, ihre Gedanken an ihre Liebsten auszuschalten. Das war das Wichtigste. Nicht an das Zurückliegende zu denken. Nicht an zuhause. An die Familie. Wem es nicht gelang, das eigene Überleben zum einzig Wichtigen jeden neuen Tages zu machen, war verloren. Heinrich hatte das schnell erkannt und sich ein striktes Verbot auferlegt. Bis in die Träume hinein. Er hatte sich antrainiert hochzuschrecken, wenn in seinen Träumen Bilder der Vergangenheit mit lieben Menschen auftauchten. Ein schmerzlicher Prozess. Manchmal überfielen ihn beim Graben im Moor Gewissensbisse. Mit Tränen in den Augen zwang er sich, seine Sehnsucht nach Olga und seinen Kindern zu verbannen.

Nun saß er allein am Grabenrand. Sah den Schmetterlingen zu. Hörte die Moorfrösche quaken und die Blaukehlchen ihre Lieder singen. Im leichten Frühsommerwind schwankten die Binsen. Wie Wattebäuschchen winkten die Wollgrasbüschel ihm zu, verneigten sich, um im nächsten Moment ihre weißen Fahnen zur anderen Seite flattern zu lassen. Das hatten seine Augen in der Gefangenschaft nicht mehr wahrgenommen. Diese herbe Schönheit des Moores war in den abgestumpften Gedanken untergegangen. Auch im Hass versunken, denn das Moor kannte keine Gnade. Es saugte und schmatzte, machte jeden Schritt zur Qual. Grausam, wie die Wachbrigade, und nicht endend wollend die langen Entwässerungsgräben, die noch auszuheben waren. Jeden Tag 18 lange Meter, 1 Meter breit und 80 cm tief. Spatenstich für Spatenstich. *Arbeit macht frei.*

Mit aller Macht überfielen ihn die Gedanken an zuhause. Er sah Olga vor sich, wie sie in dem kleinen Laden für Ordnung sorgte, den Tee in kleine Spitztüten umfüllte, den Kindern aus der Dorfschule ein gewünschtes Schreib- oder Rechenheft heraussuchte und spitze Griffel für die Schiefertafeln.

Mikki war natürlich gekommen, wie jeden Tag. Ihre alte Freundin. Was die nur immer zu tuscheln und zu erzählen hatten. Sie lachten sich mal wieder schief. Ob sie in diesem Augenblick wohl ahnten, dass er bald daheim sein würde?

Frei. Endlich frei. Frei, um aufzustehen und dem Jeep mit den beiden englischen Soldaten zuzuwinken. Und zu radebrechen.

„Nehmt mi een Stück way mit. Dor hen. Liekut. Please., Over there", Heinrich hob den rechten Arm. „Jümmers straight ahead."

Die Burschen lachten. Ließen ihn aufsitzen. Zauberten aus ihren Verpflegungsrucksäcken allerhand hervor und nahmen Heinrich mit. 40 Kilometer nach Westen, liekut, jümmers liekut. Straight ahead. Moorsoldat 364732.

In Tettens kam Heinrich erst eine Woche später an. Briefträger Anton hatte ihn als erster auf dem staubigen Schlackenweg zum Nachbardorf bemerkt und nicht so recht gewusst, was er sagen sollte. Er hatte bei Heinrichs zweiter Festnahme doch laut verkündigt:

„De kummt nich wedder. Ditmol kummt he nich torüch!"

Schließlich brachte er dann doch heraus: „Goot, dat du wedder tohuus büst, Heinrich."

Den anderen Dorfbewohnern ging es nicht anders. Sie spürten ihr Unvermögen, Heinrich unbefangen gegenüberzutreten und das machte sie verlegen. Also schwieg man über das, was geschehen war. Wendete sich der neuen Zeit zu. Vermied es, Heinrich zu begegnen, wenn er oben auf der Deichkrone stand und seine Blicke nach Langlütjen II schweifen ließ. Manchmal stieß er seine rechte Faust in den Himmel, und wenn die Dämmerung übers Watt geschlichen kam, holte Olga ihn von dort oben ab.

„Nun komm man nach Haus", mehr wusste sie nicht zu sagen und hakte sich bei ihrem Heinrich unter. Stumm gingen sie den Weg hinunter bis zu ihrer kleinen Kate.

Später sangen sie *Guten Abend, gute Nacht.* Rosi, das Nesthäkchen, war auf Heinrichs Schoß geklettert. *Morgen früh, wenn Gott will, wirst du wieder geweckt.* Heinrich blieb stumm.

Viehhändler Rodde ließ sich im Dorf nicht mehr blicken.

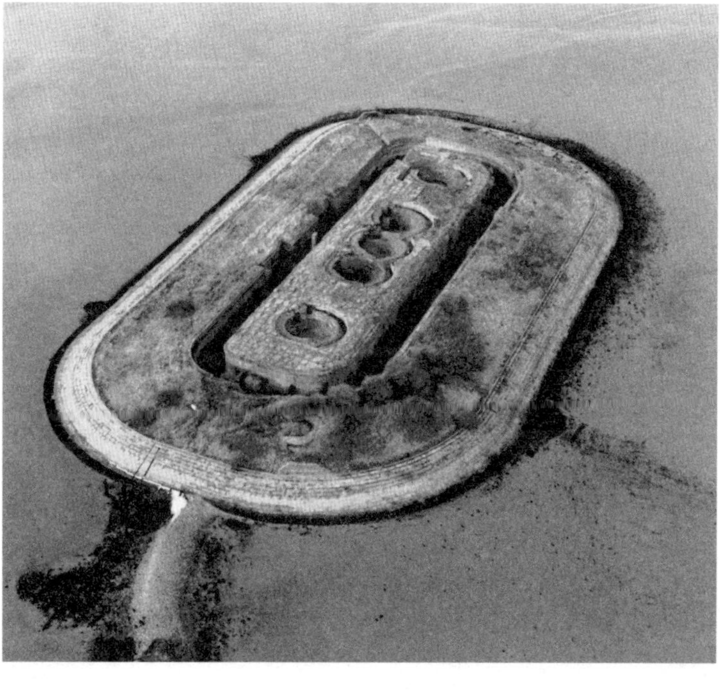

Danach begann die Zeit des Vergessens. Schwer war die Bürde, die die Menschen durch Flucht und Vertreibung, durch Einquartierung der Entwurzelten, durch die schrecklichen Nachrichten und Bilder aus den Konzentrationslagern und durch die Folgen der Niederlage Hitler-Deutschlands zu bewältigen hatten. Sie konnten oder wollten es nicht.

„Nee, dor wüllt wi nix mehr vun hören. De ganze Schiet is vörbi un nu kiekt wi vörut. Gah mi an Land! Dat heff ik jo allens nich wusst!"

Auch die Insel geriet immer mehr in den Hintergrund. Zuerst kamen die Sprengtrupps der Alliierten. Langlütjen I wurde dem Erdboden gleich gemacht. Beton- und Steinbrocken flogen weit ins Watt. Auf der größeren Nachbarinsel begnügte sich der befehlshabende englische Major mit einigen kleineren Sprengladungen, die das Bollwerk in großen Teilen unbeschädigt ließen. Die den Engländern nachfolgenden Amerikaner zeigten kein Interesse an einer weiteren Zerstörung.

***

Danach kamen die Küstenbewohner, um dort alles, was nicht niet- und nagelfest war, aus den Verankerungen zu reißen. Auszuplündern. Entkernen. Man konnte alles gebrauchen. Zuerst wurden Koks, Kohlen und Holz beiseitegeschafft. Brennmaterial war knapp. Das komplette Inventar, Stühle, Tische, Schränke und die eisernen Bettgestelle fanden sich in den Ladeluken der Kutter oder an Deck kleinerer Jollen wieder. Heimlich musste das geschehen, denn noch herrschte Ausgangssperre. Die Sorge, erwischt zu werden, war allerdings unbegründet. Die Amis ließen die Inselräuber in Ruhe.

Verlockend waren auch die Holzdielen der Fußböden, die elektrischen Anlagen, sanitären Einrichtungen, die Heizungen und Öfen. Holzfenster und Türen, Leitungen fanden den Weg zurück in den Wirtschaftskreislauf. Selbst die Kacheln aus den Gruppenduschen wurden abgeschlagen und ließen sich noch verwenden.

***

Danach begann es um die Insel ruhig zu werden. Es war nichts mehr zu holen. Gelegentlich legten ein paar Boote am Inselsockel an. Neugierig erforschten junge Leute den Restbestand des ausgedienten Weserforts. Blieben auch wohl über Nacht, schliefen unter alten, löchrigen Zeltbahnen, die kaum Schutz vor Wind und Regen boten. Abenteuer pur. *Betreten verboten!* Die Hinweisschilder auf Lebensgefahr wurden ignoriert. Auch von den Tettensern, die sich beim Buttpedden bis in den großen Priel, den Suez, vorgewagt hatten und gerne auf der halbrunden Einfassungsmauer saßen und sich vor dem Rückweg ein wenig ausruhten. Der mit Butt vollgestopfte Jutesack wog schwer. Abends zog der Geruch gebratener Schollen durchs Dorf. Dazu gab es grünen Kopfsalat mit Frühkartoffeln aus dem heimischen Garten.

***

Danach machten die Kinder und Jugendlichen es den Vätern nach. In den Sommermonaten gehörte es dazu, dass die Insel erobert werden musste. Kleine Trupps machten sich auf den Weg, bespritzten sich übermütig mit dem warmen Wasser aus den Prielen, schwammen durch den breiten Suez und packten oben auf der Insel ihre mitgebrachten Butterbrote aus. In den Wasserläufen traten sie manches Mal auf die am Boden ruhenden und auf die nächste Flut wartenden Plattfische, die sich mit zappelnden Flossenschlägen in Bewegung setzten. Wem das passierte, der kreischte vor Schreck und ließ sich unter dem Jubel der anderen ins Wasser fallen. Meist dauerte es nicht lange, bis der nächste dran war. Gelächter und Gejauchze der fröhlichen Kinderschar schallten übers Watt.

Schlick und Priele

Danach, lange danach, im Juli 2023 machte sich Fokke Heiken auf den Weg durchs Watt. Er wollte nach über sechzig Jahren Langlütjen II noch einmal betreten. LII, wie sie im Dorf genannt wurde. Fokke schloss sich einer Gruppe an, die von Wattführer Theo Köhne angeführt wurde.

Als Grundschüler gehörte Fokke zu den Kindern, die sich in den langen Sommerferien immer wieder auf den langen Weg durchs Watt machten. Vielleicht waren es Erinnerungen an diese Kindheitserlebnisse, die in ihm den Wunsch weckten, noch einmal alte Wege zu gehen. Häufig musste er an Heinrich denken, mit dem er so oft auf einer kleinen, wackeligen Bank neben der schiefen Kate gesessen hatte. Heinrich, der ihm ein wichtiger Wegweiser war und den er jetzt, als er wie früher oben auf der Umrandungsmauer der Inselruine saß, wieder vor sich sah. Schlohweißes, schütteres Haar. Der schlanke Oberlippenbart vom Zigarettenrauch gelb-bräunlich gefärbt. Das rechte Bein gestreckt, denn es machte ihm große Mühe, es zu beugen.

„Hefft de SS-Lüüd mi toschann hauen", nur einmal hatte Heinrich darüber gesprochen. Nur diesen kurzen Satz. Keine weiteren Erklärungen. „Mehr brauchst du nicht zu wissen, Fokke. Und damit basta!"

Fokke hatte lange gebraucht, um etwas über Heinrichs Vergangenheit im Dritten Reich zu erfahren. Im Dorf wollte keiner darüber sprechen. Seine Eltern wussten auch nichts, denn die Heikens waren erst 1950 in das ehemals Tina Tedsen gehörende Haus mit tief nach unten gezogenem Reetdach eingezogen. Warum Fokke nun an den knorrigen Dorfbewohner, der längst verstorben war, denken musste, erstaunte ihn. Sehr viel hatte Heinrich nie gesprochen, wenn er mit ihm auf der Bank saß. Aber zugehört hatte Heinrich. Zuhören konnte er.

„Im Zuhören bist du ein großer Meister“, bemerkte Fokke eines Tages. Heinrich schmunzelte und verzog dann ein wenig seine Mundwinkel, so, als wolle er tatsächlich darauf antworten. Doch dann nestelte er an seinem Tabaksbeutel, drehte zwei Zigaretten mit schwarzem Krausen. „Hier, magst auch eine, Fokke?“ Dann schwieg er wieder. Schaute über die weiten grünen Wiesen, die sich hinter dem Haus nach Westen hin erstreckten und den Blick frei ließen auf die schon fast untergegangene Sonne. Noch hatten die grauen Schatten der hohen Pappeln und Erlen, die im Norden an dem großen Entwässerungsgraben entlangliefen, sich nicht mit der Dunkelheit des frühen Abends vereint. In dieser verzauberten Welt wäre jedes Wort ein Wort zu viel gewesen.

Nur bei wenigen Gelegenheiten, so Fokkes Erinnerung, holte Heinrich weit aus. Genau in eine solche Abendstimmung hinein hörte er ihn unvermittelt sagen:

„Fokke, du musst immer rechtzeitig abbiegen. Hörst du! Eerst müsst du di in di sülven trechtfinnen, Jung. Uprümen as bi dat Vörjohrs Reinemaken. Eerst bi di alleen, dor binnen“, Heinrich deutete mit dem Daumen auf seine linke Brustseite. „Und dann kannst du auf die weitere Suche gehen. Im Dorf, in der Stadt, auf der ganzen Welt! Nich anners herüm, Fokke. Dat bringt allens dörnanner! Zu viele Irrwege stellen sich wie Fußangeln auf!“

Während Fokke noch im Staunen ob dieser ungewöhnlichen Worte verharrte, stand Heinrich auf und verschwand in der kleinen Kate – in unergründlicher Heiterkeit.

Ein andermal kündigte ein Räuspern Heinrichs an, dass Fokke sich über einen längeren Beitrag nicht wundern sollte.

„Das Leben ist zu kurz, um es zu vergeuden. Wenn man nahe am Ende war, Fokke, mehrfach mit seinem Dasein abgeschlossen hatte, dann weiß man erst, was wichtig ist. Was heute wichtig ist, Fokke. Nicht diese banalen Oberflächlichkeiten, die bunt gestrichenen Fassaden, die sich so viele aufbauen und ihren wahren Kern hinter Gehabe und Getue verstecken. Nicht das Hinterherlaufen nach noch mehr. Nicht das Geschreie und Gejammer um unerträglich erscheinende Anforderungen", hier machte Heinrich eine Pause. Durchsuchte umständlich die Seitentaschen seiner grauen, verschlissenen Joppe und hatte endlich eine Packung Zigaretten gefunden. Selten kam es vor, dass er aus Olgas Laden Overstolz dabeihatte. „Giff mi mol de Rietsticken", forderte er Fokke auf und zündete sich eine Zigarette an. Tief sog er den Rauch ein und erst nach einigen Zügen knüpfte er an seine Gedanken an. Offensichtlich war es Heinrich wichtig, dem jungen Fokke eine Art Vermächtnis mitzuteilen. Heute fand Fokke es seltsam, dass gerade er von Heinrich dazu auserkoren schien. Damals, auf der alten, windschiefen Bank, hatte er wie selbstverständlich dem alten Mann zugehört und spürte ein tiefes Vertrauen. Umgekehrt musste es wohl auch so sein. Ganz ungewöhnlich für die damalige Zeit und gerade deshalb etwas Besonderes, das beide als etwas Wertvolles, als ein Geschenk empfanden. Aber darüber hatten sie nie gesprochen.

„Du musst versuchen", fuhr Heinrich fort, „dein Leben achtsamer wahrzunehmen, alles bewusster zu gestalten. In dein Leben tiefes Vertrauen einpflanzen und dich einfach auf den Lauf der Dinge verlassen. Ach, was sag ich. Einfach. So eenfach is dat nich. Gelassen und achtsam mit di sülven umgahn. Und dazu Vertrauen, Fokke. Wir sind hier an der Küste. Vertrauen ist sozusagen der Anker, die stabile Sicherungskette im Leben. Spürst du erst einmal solchen festen Halt, dann kannst du dein Leben freier und leichter und besser leben." Heinrich blieb einen Augenblick stumm und Fokke ahnte, dass er noch etwas sagen wollte. „Das Leben ist immer auch eine Art Entscheidung, Fokke, eine, ja, wie soll ich sagen, Charakterfrage. Un, lat di dat seggen: Männichmal wunnerst du di över di sülven!“

Heinrich stand auf, zog den Schirm seiner Mütze tiefer in die Stirn und stieß Fokke an. „Komm, lass uns noch einen Rundgang über den Deich machen. Die Flut kommt und heute scheint der Mond so hell, dass wir Langlütjen sehen können.“

Wattführer Theo versprach der Gruppe noch einen grandiosen Blick auf die hohen Kräne des riesigen Container-Terminals von Bremerhaven, der sich auf der rechten Weserseite hinzog. Dazu musste die Insel in Richtung Nord-Ost halb umrundet werden. Fokke blieb an seinem Platz sitzen. Aufgeregte Möwen, Brandgänse und Austernfischer, die von der Gruppe auf ihrem Weg zum Ausguck aufgescheucht wurden, machten einen Höllenlärm, ehe sie sich auf dem Watt in einiger Entfernung niederließen und das Geschehen nahe den Brutplätzen argwöhnisch beäugten. Ab und zu stieg einer dieser wachsamen Vögel auf und segelte über das alte Weserfort.

Fokke lehnte sich an die betongraue Umrandungsmauer. In seinen Erinnerungen tauchte Rieke auf. Rieke, die er viele Jahre nicht gesehen hatte, bis vor einigen Jahren ein Treffen aller ehemaligen Dorfschulkinder stattgefunden hatte. Heute war die kleine, einklassige Volksschule längst aufgelöst. Es gab nicht mehr genügend Kinder im Ort. Das war nach dem Zweiten Weltkrieg ganz anders. Zu den Einheimischen kamen Flüchtlingskinder und in dem einzigen Klassenraum herrschte drangvolle Enge.

Mit Rieke hatte er oft im Gras an der Deichböschung gelegen und auf AFN die Musik gehört, die für die amerikanischen Besatzungssoldaten gespielt wurde. *American Forces Network Bremerhaven*, nirgends war bessere Musik zu hören.

Chubby Checker mit seinem „Twist“, Elvis Presley, Ray Charles mit „I can’t stop loving you“ und dann die Beatles, die für absolute Verzückung sorgten, wenn ihre Songs „Love me do“ oder „She loves you“ erklangen. Und zwischendurch der Limbo Rock, der für übermütige Tanzeinlagen von Rieke oben auf der Deichkuppe sorgte. Das kleine Kofferradio, ein Quelle-Universum, das Fokke sich vom ersten selbstverdienten Geld im Ferienjob auf dem Bau gekauft hatte, war nun ihr ständiger Begleiter. Im Elternhaus verzog seine Mutter ihr Gesicht, als ob sie Zahnschmerzen hätte.

„Stell bloß die alte Jiddelmusik ab. Ich halt’s nicht aus“, war ihr Kommentar. „Hast du deine Hausaufgaben eigentlich schon gemacht?“

Und bei den Dorfbewohnern dachte im Stillen so mancher bei sich, ob denn die beiden Verrückten nichts anderes zu tun hätten, als im hohen Gras zu liegen und Musik zu hören und womöglich... unerhört, un...er...hört!

„Kannst bloots noch mit’n Kopp schüddeln. Tunichtgute!“ Da müsse das Elternhaus doch wohl strenger durchgreifen. Das hätte man sich früher einmal erlauben sollen. Da hätte es tüchtig was hinter die Ohren gegeben!

Rieke war ein besonderes Mädchen. Sie malte schon mit dreizehn ihre Lippen rot. Das hatte Fokke zunächst mehr am Rande registriert. Sie besuchte weiterhin die Dorfschule und er war nach der vierten Klasse zum Gymnasium in die Stadt gewechselt. Sie sahen sich fast jeden Nachmittag und irgendwann, einige Jahre später, fühlte er sich zu dem attraktiven und anmutigen Mädchen hingezogen. Ausgelassen tanzte sie zu den Schlagern auf AFN und steckte ihn mit ihrer Fröhlichkeit und Unbeschwertheit an. Seit er auf dem Jahrmarkt im Nachbardorf eine Rose für sie an der Schießbude geschossen hatte, nannte sie ihn nur noch Cowboy. Wobei sie Cowbooooy so lang auseinanderzog, dass genügend Zeit blieb für einen entzückenden Augenaufschlag mit anschließendem Schmollmund.

„He, Cowbooooy, schieß mir einen ganzen Strauß, und für jede Blume einen Kussssss, okay?"

Das ganze Taschengeld ging drauf und besonders groß wurde der Strauß nicht, denn am Luftgewehrstand hatte der Betreiber Kimme und Korn leicht manipuliert, und so gab es etliche Fehlschüsse.

Großzügig wurde Fokke dennoch belohnt. Küsse auch für die Fehlschüsse und „noch viel mehr, wenn du mit mir morgen auf die Insel gehst", flüsterte sie ihm aufreizend zu. Und dann wieder Cowbooooy und Augenaufschlag und Schmollmund.

Früh am nächsten Morgen brachen sie zu ihrer Inseltour auf. Der Morgendunst hatte sich noch nicht aufgelöst und ließ nur gelegentlich einen freien Blick auf Langlütjen zu, bevor er sich als langer Nebelstreifen wie ein Wattebausch wieder auf das Watt legte. Nur die oberen backsteinroten Aufbauten der Insel glänzten in der aufsteigenden Sonne und erschienen wie eine Fata Morgana oberhalb des Nebels. Spätestens in einer Stunde würde sich die Sonne durchgesetzt haben und die Pfützen im Watt wie kleine blaue Spiegel erscheinen lassen.

Ein wenig verschämt schauten sie sich an, und es hatte den Anschein, als ob der gestrige Abend auf dem Jahrmarkt sich nicht so einfach fortsetzen ließe. Es dauerte bis zum dritten Priel, ehe sie sich nahekamen. Ganz nah. Rieke hatte sich wie selbstverständlich in seine Arme gelegt und ließ sich durch das hüfthohe Wasser tragen. Umschlang mit ihren Armen seinen Nacken, flüsterte ihm ins Ohr, dass sie nun seine Seejungfrau sei. Im nächsten tiefen Priel müsse er sie unbedingt retten, denn sie habe sich an den Flossen ganz „schlümm" verletzt und könne keinen Meter mehr weit schwimmen. Bis zum folgenden Priel, dem tieferen Suez, der kaum 200 Meter entfernt durch das Watt strömte, kamen sie nur sehr langsam voran. Immer wieder verloren sie sich in ihren Umarmungen und Zärtlichkeiten, spürten ein Verlangen nach mehr, das in ihren Gedanken, Sehnsüchten und Träumen längst vorhanden gewesen war. Als die Sonne den Morgennebel vertrieben hatte, lagen sie auf einer kleinen Sandbank am Inselufer, ganz versunken in dieser besonderen Atmosphäre, atemlos, den andern erforschend, berührend und die Welt ringsum vergessend.

„Fokke, bist du da oben eingeschlafen?", Theo stand an den alten, halb vermoderten Holzpfählen des ehemaligen Anlegers für die Versorgungsschiffe der Insel. „Wird Zeit für den Rückweg, das Wasser läuft gleich auf." Er war mit seiner Gruppe den Inselsockel auf der Nordseite bereits heruntergestiegen und alle warteten nun auf Fokke, der, aus seinen Erinnerungen so plötzlich herausgerissen, den Wanderern folgte, die den Rückweg angetreten hatten. Der Himmel bezog sich, dunkle Wolken zogen von Westen auf, doch der gleichzeitig auffrischende Wind vertrieb die angekündigten Regenschauer. Der Himmel hatte die Farbe des Watts angenommen. Ein Hubschrauber der Seenotrettung überflog die Gruppe, verharrte einen Augenblick, bis Theo signalisierte, dass hier unten alles in Ordnung war. Der Pilot schwenkte ab nach Nordwesten, um seinen Kontrollflug an der Küstenlinie fortzusetzen.

Unterwegs hielt Theo immer wieder an, um den Urlaubern, die zum ersten Mal im Wattengebiet unterwegs waren, weitere Erklärungen zu geben. An den steilen abfallenden Rändern der Priele holte er aus den Löchern Strandkrabben, zeigte verschiedene Muscheln und wurde nicht müde, den Urlaubern aus dem Binnenland die Probleme des Wattenmeeres zu erläutern. Die stetigen Vertiefungen der Hauptfahrrinne, die immer größer werdenden Schiffen die Fahrt bis nach Bremen ermöglichen sollten, sorgten für eine Veränderung der Strömungsverhältnisse, die wiederum dazu beitrugen, dass in den angrenzenden Bereichen des Watts sich verstärkt Sedimente absetzten.

Fokke war über die kleinen Pausen mehr als froh, denn das Watt hatte sich verändert. Konnten sie als Kinder und Jugendliche über einen relativ festen Untergrund zur Insel gelangen, so sanken sie nun bei jedem Schritt tief in den butterweichen Schlick ein. Ein mühsames und kräftezehrendes Unterfangen. Aufmunternde Worte von Annette und Michael, einem befreundeten Ehepaar, das unbedingt auch mal durchs Watt nach Langlütjen wollte, ließen Fokke den erschöpfenden Rückweg schaffen, wenn auch langsamer als die meist deutlich jüngeren Teilnehmer der Wattwanderer.

Wird wohl das letzte Mal gewesen sein, dass ich die Insel betreten habe, dachte Fokke, als er endlich wieder festen Boden unter den Füßen hatte. Das satte Grün der Salzwiesen bot einen sicheren Stand. Aber seine Gedanken, die ihn auf der Ufermauer der Insel in seine Kinder- und Jugendzeit zurückgeführt hatten, ließen sich auch jetzt nicht einfach abschalten. Er wollte ihnen gerne noch ein wenig nachspüren, als er auf der Bank vor dem Bauernhof von Manni saß, der einen Wasserschlauch angeschlossen und Bürsten bereitgestellt hatte, damit die Wattläufer die von Schlamm bedeckten Beine und Füße abspülen konnten. Doch die wuselige Aufbruchstimmung in der Gruppe ließ das nicht zu.

Erst nachmittags, als sich Fokke mit einem Becher Tee im Garten seines Elternhauses unter den alten, krumm und schief gewachsenen Apfelbaum setzte, („Der rote Boskop", hörte er seine Mutter sagen, „schmeckt doch am besten und ist für Apfelrotkohl der einzig Wahre.") fand er zurück in seine Gedankenwelt. War es heute die Vollendung eines Abschieds, den er sich, seit er das kleine Dorf verlassen hatte, so oft gewünscht hatte? Begleitet von einer Melancholie, einer großen Traurigkeit, die er nicht erklären konnte, über die er auch nie gesprochen, sie im Innern aber stets wahrgenommen hatte. Manchmal schmerzhaft, wie der folgende tagelange Muskelkater nach der ungewohnten Anstrengung der Wattwanderung, immer von Wehmut durchzogen und nicht frei von Zweifeln, ob er nicht manches Mal falsch abgebogen war. Heinrichs Lebensweisheit in den Wind geschlagen? Gab es sie denn überhaupt, die absolute Gewissheit, es richtig gemacht zu haben? Den richtigen Weg gefunden zu haben? Was wäre, wenn...? Wie wäre das Leben verlaufen, hätte man...?

Rieke und Heinrich, nein, umgekehrt, Heinrich und Rieke. In der Reihenfolge. Sie waren Beteiligte an diesen Fragen. Beide lebten inzwischen nicht mehr. Heinrich war eines Morgens nicht aufgestanden. Olga hatte ihn gefunden, aufrecht sitzend, mit einem feinen Lächeln auf den kalten Lippen.

Rieke hatte gekämpft. Um ihr Leben gekämpft nach der Brustkrebsdiagnose. Tapfer, viele Jahre, Strohhalme ergreifend und Enttäuschungen zur Seite geschoben. Sich nicht kleinkriegen lassen. Die letzte Chemo aber energisch abgelehnt, als feststand, dass die Metastasen das ganze Skelett und den Kopf befallen hatten. „Nun ist genug, das kann ich noch entscheiden!"

Der April zauberte für sie ein wunderbares, erwachendes und leuchtendes Frühjahr herbei, das zum Sitzen auf der Terrasse einlud und zum Staunen. Wie wundersam alles neu spießte und lebte. Die Sonne wärmte schon richtig.

Die Insel hatte Fokke noch einmal unwiderstehlich angelockt. Ja, es war sein Abschied. Der ersehnte. So klar war es ihm vorher nicht gewesen. Oben an der gewölbten Umrandungsmauer, auf deren Beton sich Flechten angesiedelt hatten und mit gelb-grünen Schattierungen im hellen Licht ein faszinierendes Mosaik bildeten, hatten sich scheinbar wie von selbst die Gedanken eingeschlichen und starke Bilder in ihm wachgerufen, zugleich auch ein Adieu ermöglicht. Das war gut so. Er spürte eine innere Ruhe in sich aufsteigen, so als ob etwas vollendet sei, das ihn nie losgelassen hatte. Im Schatten der Blätter der Apfelbaumwiese, durch die übermütige Sonnenstrahlen tanzten, wurde es ein wenig frischer. Fokke legte sich eine Weste über die Schultern.

Die Flut hatte das Watt längst überspült und die heranlaufenden Wellen versuchten, Bruchstücke vom Uferrand zurück ins Meer zu holen.

Was hatte Rieke gesagt, als es damals zu spät geworden war, um zurückzukehren und sie eng umschlungen auf dem Inselsockel saßen und die Flut ihre Füße umspülte:

„Du kannst das Meer jeden Tag anders wahrnehmen“, sagte Rieke. „Auch das Watt, Fokke, und die Sonne und den Mond. Heute fehlt eine Farbe, Cowboooy.“

Als ob er das nicht wüsste. Doch er zögerte die Antwort hinaus, wollte sie gerne von ihr hören.

„Purpur“, flüsterte sie in den Wind und dann verloren sie sich in ihren langen Haaren. Eigentlich war es mehr Violett, dachte er, als Rieke „I can’t stop loving you“, summte.

Wattführer Theo Köhne bot nun schon seit fast vierzig Jahren die sommerlichen Wattwanderungen nach Langlütjen II an. Als dreizehnjähriger Junge hatte er sich von Blexen aus zum ersten Mal zu den Inseln begeben. Zunächst wurde die kleinere Nachbarinsel durchstöbert. In den zerstörten Aufbauten und Kasematten war nicht mehr viel zu finden. Gelegentlich eine Patronenhülse. Da war die Hinterlassenschaft auf L II schon umfangreicher. Hier konnte man beim Herumstöbern noch intakte Patronen finden, die zuhause aufgesägt wurden, um mit dem Pulver kleine Bomben zu basteln. Warnungen wurden ignoriert. Heimlich bastelte man weiter. Beliebt war es, die Maschinengewehrpatronen in den Schraubstock zu spannen und von hinten mit einem spitzen Körner und Hammer auf das Zündhütchen zu schlagen. Das Geschoss explodierte und durchschlug die aufgespannte Leinwand, auf der eine Zielscheibe markiert worden war. Dabei durfte man sich allerdings von den Eltern nicht erwischen lassen, sonst würde es mit einer Tracht Prügel enden.

Das gefährliche Herumhantieren mit den Überbleibseln des Krieges ging so lange gut, bis Theos Freund Günther bei der vorzeitigen Explosion einer Flaschenbombe sich an der Wange eine heftig blutende Wunde zuzog. Immerhin waren die Jungs so clever, dass sie sofort in die benachbarte Arztpraxis liefen, wo Dr. von Bradow die Wunde säuberte und nähte.

„Ich weiß genau, was ihr angestellt habt, ihr Banausen“, war sein gutmütiger Kommentar. „Wenn ihr mir versprecht, mit dem Unsinn aufzuhören, dann verrate ich nichts an eure Eltern. Einverstanden ...? Einverstanden, ihr Spitzbuben?“

„Einverstanden“, mühsam brachten sie ihre Zustimmung

stotternd hervor. Beide waren erleichtert, dass nicht noch schlimmere Folgen aufgetreten waren. Den Eltern würde man irgendetwas erzählen. *Stacheldrahtzaun*, das war bei solchen Verletzungen immer eine gute Ausrede. Und auf Bradow konnten sie sich verlassen, der würde sie nicht verpfeifen, war irgendwie ein Pfundskerl.

Im Nachbardorf hatte ein Junge vor kurzem beim Herumhantieren mit Schwarzpulver sogar ein Auge verloren.

Die Munitionsära war beendet. Die Faszination und die magische Anziehungskraft der Insel blieben bestehen. Theo war so oft es nur ging dort zu finden. Ein besonderer Fund ließ ihn nicht ruhen, bis er ihn nach Hause transportieren konnte. In den Kasematten war ein eisernes Bettgestell, aus welchen Gründen auch immer, übriggeblieben. Doch wie sollte es gelingen, das nun nach Haus zu transportieren? Ein Boot war nicht vorhanden. Da kamen Theo ein paar klirrende Frosttage, an denen zudem ein extremes Niedrigwasser herrschte, zu Hilfe. Die Oberfläche des Watts war gefroren und blank wie ein Wasserspiegel. Theo gelangte mit seinem Fahrrad bis zum Inselsockel und zog von dort das Bettgestell wie auf Kufen zum Blexer Groden.

„In dem Bett habe ich noch jahrelang geschlafen und später ist daraus noch eine Werkbank entstanden“, einer seiner vielen Geschichten, die er während der Wattwanderung den staunenden Teilnehmern erzählte, die nicht so recht wussten, ob sie dem Glauben schenken konnten. Wer vermochte schon nachzuempfinden, dass hier jemand zu ihnen sprach, der in seiner Jugendzeit bitterste Not und Armut kennengelernt hatte, in die seine Eltern unverschuldet hineingeraten waren. Der Gerichtsvollzieher ging ein und aus, obwohl es nichts mehr zu pfänden gab. Das kümmerliche Fürsorgegeld, das sein Vater nach einem schweren Arbeitsunfall erhielt, reichte vorn und hinten nicht. Henny, Theos Mutter, war eine außerordentlich tatkräftige Frau. Ihr gelang es schließlich, mit ständiger Unterstützung ihres Sohnes, wieder Boden unter die Füße zu bekommen. Doch für Theo blieb die Erinnerung an diese schweren Zeiten ein Leben lang prägend.

„Wenn du einmal Weihnachten nur mit Mehlsuppe und ohne Tannenbaum erleben musstest..., sagte er eines Tages zu Fokke und brach dann den Satz ab.

Das waren Abschnitte seiner Lebenserinnerungen, die er nur wenigen erzählte. Geschichten für die Gruppen, die er durchs Watt führte, hatten andere Schwerpunkte, waren gleichwohl für Theo unvergesslich. Im September 1944 schoss die Flugabwehr von Langlütjen II pausenlos auf die herannahenden Bomber der Royal Air Force, die in dieser Herbstnacht Bremerhaven in Schutt und Asche legten. Der Feuersturm spiegelte sich blutrot und schwarz im glänzenden Wattenmeer.

„Ein Szenario, das ich nie in meinem Leben vergessen konnte. Wir auf der anderen Weserseite waren äußerlich verschont geblieben, die Bombenlast traf die Stadt und ihre Bewohner. Im alles vernichtenden Feuersturm konnten wir die Festungsinsel sehen, die sich wie ein blau-schwarzer Schatten vor dem Inferno ausbreitete. Schaurig und schön zugleich. Die Leuchtspuren der abgeschossenen Flakmunition flogen wie an einer Schnur gezogen in die Leere des weiten Himmels. Die feindlichen Bomber waren längst abgedreht, hatten ihren todbringenden Auftrag erledigt."

Nachdenklichkeit machte sich auf den Gesichtern der Menschen breit, die Theo im Watt mit Blick auf die Skyline von Bremerhaven um sich versammelt hatte. Auf der Insel waren vorher noch alle an der Gedenktafel stehengeblieben, die auf Theos Initiative hin an einer Trümmerwand aus Ziegelsteinen angebracht wurde und die über die schicksalhafte, dunkle Vergangenheit der Insel als KZ hinweist.

„Oft denke ich", fuhr Theo nach einer Weile fort, „ob das Flammenmeer, in dem viele Unschuldige umkamen, nicht auch etwas zu tun hatte mit der unheilvollen Zeit, die verfolgte Menschen auf der Insel verbringen mussten: eingesperrt, gedemütigt und gequält. Ob es nicht eine Art Kollektivstrafe für all die war, die zu den jubelnden Massen gehörten, als man von Sieg zu Sieg eilte und die die Augen verschlossen hielten vor den Grausamkeiten des mörderischen Regimes und seiner vielen Helfershelfer."

Hier hätte er noch erzählen können von Heinrich, an dessen Kate sie nachher auf dem Nachhauseweg vorbeifahren würden. Und vom großen Schweigen danach. Als so getan wurde, als seien die Gräueltaten nur fernab geschehen. Vor der Haustür hätte man nichts bemerkt, nichts gesehen, nichts gehört.

„Ach, weißt du", sagte er Fokke zugewandt, „das ist lange her, und die Vergangenheit holt uns an solchen Mahnmalen immer wieder ein, wenn auch einige von der Gnade der späten Geburt sprechen und glauben, damit sei die Sache abgetan. Du hast auch deine Schwierigkeiten damit gehabt. Erinnerst du dich. Es war Stadtgespräch, als du auf einer Versammlung einmal Viehhändler Rodde zur Rede stelltest. Rausgeschmissen haben sie dich damals, keiner wollte davon etwas hören. Schon gar nicht von einem so jungen Schnösel. Mit der Zeit verblassen die Untaten, gehen unter im Alltagsgeschäft. Als ich die Gedenktafel angebracht habe, hat die Zeitung groß darüber berichtet. Aber glaubst du, auch nur einer außer dir hat sich daraufhin bei mir gemeldet. Fehlanzeige!"

Sollte er darüber Enttäuschung empfunden haben, so ließ Theo sich das nicht anmerken und Fokke musste an Heinrich denken. Hier war noch so einer, der richtig abgebogen war, sich nicht hatte beirren und verführen lassen. Kein Mensch, der meint, sich öffentlichkeitswirksam inszenieren zu müssen und das große Wort führt. Nein, jemand, der aus innerer Überzeugung anpackt.

So einfach, kam es Fokke in den Sinn, *wenn doch alles so einfach wäre*!

„Weißt du, Fokke“, Theo nahm seinen Gedanken wieder auf, „siebzig Jahre bin ich der Insel treu geblieben. Ich hänge an ihr. Wir sind wie ein altes Ehepaar, und doch hat es immer wieder Überraschungen und neue Entdeckungen gegeben. Und Veränderungen. Anfang der neunziger Jahre ist es mir gelungen, sie nach etlichen Eingaben unter Denkmalschutz stellen zu lassen. Immerhin, da gab es behördliche Unterstützung. Inzwischen habe ich über 20.000 Menschen durchs Watt geführt und ihnen die Einmaligkeit dieser Landschaft zeigen dürfen. Und bei jeder Wattwanderung spüre ich, dass ich in diesem herben, manchmal schroffen und dann wieder wunderschönen Landstrich meine Wurzeln habe. Nur zweihundert Meter vom Deich entfernt bin ich geboren.“

Überall auf der ganzen Welt sei er gewesen, schmunzelte Theo. In über 60 Ländern. Mit dem Windjammer in der Karibik, quer durch Amazonien und den tropischen Regenwald, in der Antarktis, mit der Transsibirischen Eisenbahn bis nach China, den Grand Canyon aus der Luft bestaunt.

„Wunderschöne Erinnerungen und unvergessliche Eindrücke von atemberaubenden Landschaften und gewaltigen Bauten der Menschheit, Fokke. Aber wenn ich über den Deich gehe, die Weite des Wattenmeeres vor mir sehe, die Salzwiesen, die Verästelungen der Priele, dann spüre ich, hier ist etwas, das ich woanders niemals empfunden habe. Ich weiß nicht, ob die Leute, die ich durchs Watt führe, das verstehen, Fokke. Manchmal kommt nach einer Führung durchs Watt doch einer zu mir und bemerkt, dass er gespürt habe, dass das Weltkulturerbe Wattenmeer für mich wohl auch ohne diese Einstufung einen besonderen Stellenwert hat.“

Strandgut

Der vorletzte Samstag im August 1985 schien sich nahtlos an die heißen Sommertage des Jahres anschließen zu wollen. Weit und breit war am Horizont kein Wölkchen zu sehen, und auch der Wind hatte sich schon seit Tagen zurückgezogen. Nicht einmal die auflaufenden Fluten hatten ihn aus seinem Versteck hervorlocken können. Ganz ungewöhnlich für die Wesermarsch, wo das meist unbeständige Wetter schon manche Unternehmungen unmöglich gemacht hatte und die letzte Springflut das Wasser noch bis an die Deichkante hatte ansteigen lassen. Doch die Wetterkapriolen blieben aus, ein stabiles Hochdruckgebiet ließ keinen Zweifel an einen besonders schönen Sommertag aufkommen. Die Sonne strahlte bereits um kurz nach neun Uhr am Morgen und tauchte das Wattenmeer in eine glänzende grau-grüne Landschaft, die erst am späten Abend die gelb-orange-roten Farbspiele des Feuerballs in einer Orgie der Farbmischungen verschlingen würde. In den Wasserlachen spiegelte sich der azurblaue Himmel, und der Strandflieder breitete seine berauschende Farbenpracht wie ein Orientteppich über den Küstensaum, der schon mit dem üppigen Grün der Salzwiesen die Aufmerksamkeit der Wattwandergruppe auf sich zog. Um die Mittagszeit würde sich eine brütend heiße Hitzeglocke über das Watt legen, und in der Ferne würden sich nach und nach die Konturen der auslaufenden Frachtschiffe am Horizont unter einer wabernden Dunstdecke verlieren. Die Tautropfen in den Büscheln des Andelgrases hatten im Laufe der Nacht deren Spitzen weit nach unten gebogen und konnten sich nicht entscheiden, abzutropfen oder zu verdunsten. Die nackten Füße der Wattwanderer nahmen ihnen diese Entscheidung ab. Nach wenigen Schritten waren alle bis zum Knie pitschnass, eine lange Spur im heruntergetrampelten Gras hinter sich lassend.

Theo Köhne, frisch gebackener Wattführer mit Diplom, führte eine Gruppe Landratten aus dem Ruhrgebiet zur ehemaligen Festungsinsel Langlütjen II. Knappe drei Kilometer lagen vor ihnen und die ersten hundert Meter versanken alle bis weit über die Knöchel im grauen Schlick. Erst dann wurde der Wattboden fester und sie kamen gut voran. Auf der Insel angekommen, beantwortete Theo geduldig die aufkommenden Fragen bezüglich der ursprünglichen Funktion der Insel in der Wesermündung. Nach einer ausführlichen Ruhepause wollte er gerade den Aufbruch ankündigen, als von der kleinen Schilfinsel, die sich im Laufe der letzten Jahre südlich der Festung gebildet hatte, ein lautes Rufen ertönte. Zwei Jugendliche waren bis an den Rand des Schilffeldes vorgedrungen und gestikulierten nun aufgeregt mit winkenden und rudernden Armen. Die beiden Söhne der Familie Kowalski hatten sich bereits auf dem Hinweg durchs Watt einige Male von der Gruppe weiter abgesondert, so dass Theo sie schließlich ermahnen musste.

„Entfernt euch nicht weiter als fünfzig Meter von uns, hier sind überall Schlicklöcher. Ein tückischer Untergrund, besonders am Übergang der Priele. Wenn ihr darin versackt, haben wir alle Mühe, euch wieder rauszuziehen."

Viel geholfen hatte das allerdings nicht. Die Eltern schienen kein Machtwort sprechen zu wollen. Es war schließlich Urlaubszeit und hier würde schon nichts passieren. Theo verspürte keine große Lust, zu den Jungs zu gehen. Was sollte dort schon sein? Vielleicht ein angeschwemmter Holzbalken, der sich im Reet verfangen hatte oder Reste eines Netzes, das einer der Fischkutter aus den Sielhäfen verloren hatte. Doch als das Rufen und Winken kein Ende nahm, musste er notgedrungen zu den beiden gehen, die ihm auf den letzten Metern aufgeregt entgegen stolperten.

„Herr Köhne, ein Totenkopf. Wir haben einen Toten gefunden!“

Theos erster Gedanke, als er den Fundort erreichte, war, dass es sich mutmaßlich um das Skelett eines Häftlings des Konzentrationslagers handeln müsse, welches die letzten Fluten freigespült hatten. Inzwischen waren die anderen Wattwanderer herangekommen. Theo hatte große Mühe, sie zurückzuhalten, so dass nicht alles zertrampelt wurde. Der grausige Fund machte allen noch einmal deutlich, was sie über die Zeit des Konzentrationslagers auf Langlütjen vorher vom Wattführer gehört hatten.

Was war zu tun? Theo musste die Gruppe sicher zurück zum Festland führen. Viel länger konnten sie sich hier nicht aufhalten, denn die Flut würde sie sonst auf dem Rückweg überraschen.

„Holt mal schnell ein paar Steine, die an der alten Anlegestelle liegen. Damit beschweren wir das Skelett und können nur hoffen, dass die Wasserschutzpolizei nach der Flut alles wieder findet“, wies er einige aus der Gruppe an.

Der Rückweg wurde von aufgeregten Gesprächen und wilden Vermutungen begleitet. Theo blieb nachdenklich und wortkarg. Auf dem Deich verabschiedete er die Landratten und rief vom *Olen Landhuus*, dem Gasthof, in den er sonst mit den Wattwanderern nach der Tour noch einkehrte, bei der Wasserschutzpolizei in Bremerhaven an und ließ sich mit Hauptkommissar Dietmar Kruse, seinem Cousin, verbinden.

„Dietmar, du warst dat nich glöven, wi hefft bi Langlütjen een minschlichet Skelett funnen. Südlich vom ehemaligen Anleger, direkt am Schilfgebiet. Wegen der Flut konnten wir nur Steine aufschichten, so dass das Wasser hoffentlich nicht alles zerstört und wegschwemmt.“

Kruse vermutete ähnlich wie Theo einen Zusammenhang

mit der unheilvollen Vergangenheit der Insel in den dreißiger Jahren. Vermutungen halfen in diesem Fall jedoch nicht weiter. Der Sache musste auf den Grund gegangen werden. Mühsame Recherchearbeiten standen bevor, Amtshilfeersuchen an die zuständige Kriminalpolizei in Nordenham würden unerlässlich sein. Da musste er wohl oder übel in den sauren Apfel beißen, denn der dort zuständige Leiter des Kommissariats, Holger Westfalen, war ein echter Sturkopf, mit dem es in der Vergangenheit schon einige unerfreuliche Begegnungen gegeben hatte. Intern wurde nur vom *Dickschädel* gesprochen, wohl eine Reminiszenz an den Nachnamen des Kommissars.

Logistisch tauchten allerdings erst einmal andere Schwierigkeiten auf. Von Bremerhaven aus war die Insel nur mit dem Boot und bei Flut zu erreichen, und je nach Lage des Skeletts ging es auch noch um die behördliche Zuständigkeit. Aber damit brauchte er Theo erst gar nicht zu kommen, der für solch schwerfälligen Behördenkram kein Verständnis haben würde.

„Theo, ich verfolge das weiter. Du hörst von mir. Grüße an Ruth und die Kinder. Ich hoffe, ihr seid alle gut beieinander", damit legte er den Telefonhörer auf und bat seine Sekretärin, ihn mit Polizeiobermeister Bennecke zu verbinden, der sich gerade auf Kontrollfahrt weseraufwärts Richtung Brake befand.

„Leo, wo steckst du im Augenblick", fragte er seinen erfahrensten Mitarbeiter, der nur noch ein paar Monate bis zur Pensionierung Dienst schieben musste und so gar nicht glücklich über seinen bevorstehenden Ruhestand war.

„Irmchen wird schon jetzt verrückt, wenn ich mal drei Tage meine Überstunden abbummle", hatte er erst neulich Kruse erzählt. „Ich kann doch nicht noch anfangen, Kaninchen zu züchten. Dietmar, kannst du nicht noch mal in der Direktion vorsprechen. Die haben doch schon schriftlich meinen

Antrag auf Verlängerung der Dienstzeit vorliegen. Bisher rührt sich keiner aus der oberen Etage."

Kruse hatte heute keinen Nerv für Leos Anliegen, mit dem der ihm fast täglich in den Ohren lag.

„Könnt ihr das Beiboot vom *Senator Lührs* klarmachen und nachher bei Flut rüber nach L II fahren? Theo hat dort mit seinen Wattwanderern ein Skelett entdeckt. Am Rand der Schilfinsel. Haben Steine aufgeschichtet und wahrscheinlich alles zertrampelt. Werden wohl keine Spuren zu finden sein."

„Ohnehin unwahrscheinlich, wenn einer schon so lange im Schlick liegt", unterbrach ihn Bennecke. „Ist doch längst alles vermodert, haben sich die Aale dran sattgefressen!"

„Leo, nimm auf jeden Fall Lisa und Tom von der Spurensicherung mit und übernimm das Boot. Müller bringt den *Senator* zum Liegeplatz zurück. Du kennst den Sturkopp Westfalen. Wenn der irgendwo ein Haar in der Suppe finden kann, dann schiebt er das gerne auf uns ab,... *etc.pp.*"

„Chef, nun mal langsam. Ich komm mit Holger gut aus. Wir haben lange zusammen Handball gespielt und in der Vergangenheit war es immer erfolgreicher, wenn ich den kurzen Draht über den persönlichen Kontakt genutzt habe. Ihr seid euch nicht grün. Ich denke, da stehen sich zwei Dickschädel gegenüber. Ein Liebespaar werdet ihr nicht mehr", diese kleine Stichelei konnte Leo sich nun doch nicht verkneifen, und bevor Kruse reagieren konnte, fuhr er geschäftsmäßig fort. „Ich rufe Westfalen an und dann schickst du das Offizielle hinterher. Tom und Lisa sollen an der Schleuse warten." *etc.pp.* murmelte er leise hinterher, denn das war üblicherweise Kruses Nachwort bei allen Aufträgen, die er aussprach. *etc.pp...* damit war dann von seiner Seite aus Vorsorge getroffen, dass nichts vergessen wurde, vor allem, er nichts vergessen hatte... etc.pp. Leo schmunzelte über seinen Vorgesetzten.

Das Beiboot landete gegen 15.30 Uhr am Rand des Inselsockels. Die Besatzung musste nun die Ebbe abwarten, bevor mit der Bergung des Skeletts begonnen werden konnte.

„Ich koch uns nen Tee“, Lisa verschwand in der Pantry. Vor 17 Uhr würde das Wasser nicht abgelaufen sein. Hoffentlich würden sie die Bergung problemlos erledigen können. Ihr erstes Date mit Sebastian, dem neuen Kollegen bei der Wasserschutzpolizei, das für heute Abend verabredet war, hatte sie schon telefonisch auf morgen verschieben müssen, denn erst bei der nächsten auflaufenden Flut würden sie von der Insel zurückkommen können. Ungewiss blieb aber, ob Sebastian nicht doch Rufbereitschaft haben würde. Das passierte nicht nur gelegentlich ohne lange Vorlaufzeit. Die Abteilung war chronisch unterbesetzt. Lisa fühlte sich in ihrem Privatleben durch die regelmäßig erfolgenden Dienstplanänderungen eingeschränkt. Schließlich war ihre letzte Beziehung daran zerbrochen. Nicht nur daran, wie sie sich inzwischen ehrlicherweise eingestehen konnte.

Die Suche nach einem neuen Termin würde allerdings wohl wieder einige Schwierigkeiten bereiten, denn Lisa war in der nächsten Woche zum Spätdienst eingeteilt und wer weiß, was sie heute erwartete. Gut, dass Sebastian Verständnis für die Situation hatte, ging es ihm doch ebenso.

Als sie mit dem Tee an Deck kam, musste sie erst einmal ein paar wohlwollende Frotzeleien ihrer Kollegen über sich ergehen lassen. Die hatten längst bemerkt, dass Lisa deutlich beschwingter den Dienstalltag bewältigte und keine Möglichkeit ausließ, mit Sebastian „zu schnacken“, wenn es um dienstliche Anfragen ging.

„Na, Lisa, Schmetterlinge im Bauch?“, neckte Tom sie, dem sie im Überschwang der Gefühle von ihrer Sympathie zu dem neuen Kollegen erzählt hatte. Eigentlich nicht groß was erzählt, war ja auch noch nichts geschehen, aber aus ihren Bemerkungen konnte Tom unschwer erkennen, in welcher

Gefühlslage sich seine Kollegin befand. Dass er darauf mit lockeren Sprüchen einging, konnte Lisa gut verkraften. Besonders als sich durch einen Zufall herausgestellt hatte, dass Sebastian und Tom seit Schülerzeiten befreundet waren.

Polizeiobermeister Bennecke neigte gelegentlich zu derberen Sprüchen, aber auch die konnten Lisa nicht weiter erschüttern. Nicht mehr. Sie hatte schnell herausgefunden, dass der alte Seebär das Herz auf dem rechten Fleck hatte und sie eigentlich nur ein wenig auf den Arm nehmen wollte. Am Anfang war Lisa allerdings einige Male darauf hereingefallen und hatte sich aufgeregt. Inzwischen hatte sie ein vertrauensvolles, geradezu herzliches Verhältnis zu dem erfahrenen Fahrensmann und freute sich immer, wenn er sie anforderte. Und Leos Begrüßung, „Schön, dat du wedder an Bord büst, mien Deern“, zeigte sein Wohlwollen der jungen Kollegin gegenüber, die er auch wegen ihrer Tüchtigkeit schätzen gelernt hatte. Insgeheim verglich er Lisa mit seinen Töchtern, die beide eher ein distanziertes Verhältnis zu ihrem Vater hatten und beruflich nicht so richtig in die Spur kamen. Vielleicht war das auch mit ein Grund, weshalb er seiner Pensionierung mit einer gewissen Verunsicherung entgegenblickte. Die Probleme seiner Kinder wollte er nach so und so vielen erfolglosen Diskussionsrunden nicht weiter an sich herankommen lassen.

Das ablaufende Wasser ließ es endlich zu, dass der Fundort untersucht werden konnte. Während Tom zunächst detaillierte Fotos machte, erkannte Lisa sofort, dass hier nur mit sehr viel Glück noch Spuren zu finden sein würden. Die Fußstapfen der Wattwanderer hatten den äußeren Bereich rund um die Lage des Skeletts aufgewühlt. Ob sich in den tieferen Schichten des Schlicks noch etwas finden lassen würde, schien unwahrscheinlich, da der Tote skelettiert war. Das wies auf eine lange Liegezeit hin. Trotzdem begannen sie mit der vorsichtigen Ausgrabung des Gerippes. Die einzelnen Phasen der Bergung wurden sorgfältig dokumentiert. Der obere Bereich des Schlicks erwies sich als zäher, schleimiger Boden, der mühevoll vom Spaten abgestreift werden musste. Er blieb daran kleben. Sorgsam transportierte Tom die Behälter mit den Schlickmassen zum Boot. Im Institut würden sie alles durchsieben müssen, damit nichts übersehen wurde. Das war hier vor Ort nicht möglich.

Es vergingen anstrengende Stunden, bis das Skelett völlig freigelegt war. Zum Teil reichte es bis in den blau-schwarzen, festen Untergrund des Watts in fast einem halben Meter Tiefe, in dem sich Wattwürmer und wuselige Kleinstlebewesen tummelten. Die Schräglage machte Lisa stutzig, auch Tom konnte keine Erklärung dafür finden. Eine ganzheitliche Bergung war unmöglich. Nach Rücksprache mit ihrem Kollegen, der wiederum jeden einzelnen Schritt fotografisch festhielt, barg Lisa zunächst den Schädel und danach systematisch alle anderen Knochen. Als sie die kompletten rechten Handknochen schon in den Sarg, so nannten sie die metallene Schüssel mit Deckel, die sie für solche Fälle immer mit an Bord hatten, legen wollte, fiel etwas in den weichen Untergrund. Es schien von einem Fingerknochen abgerutscht zu sein. Zum Glück hatte Lisa das bemerkt und stocherte vorsichtig im wabbeligen Schlick. Schließlich entdeckte sie einen kleinen, schwarz angelaufenen und verkrusteten Ring.

„Tom, komm schnell mal her“, rief sie aufgeregt. Ihr war sofort klar, dass damit sehr wahrscheinlich doch ein wichtiger Fund gelungen war, der bei weiteren Nachforschungen über die Identität des oder der Toten etwas aussagen könnte.

„Was denkst du, was das ist?“, hielt sie den kleinen Gegenstand Tom entgegen.

„Das sieht nach einem Ring aus, ein Stück Draht ist es jedenfalls nicht“, damit legte er das Fundstück in eine Schachtel und verstaute sie.

Lisa war nun noch aufmerksamer geworden und löste vorsichtig weitere, tiefer liegende Schichten unterhalb der Fundstätte. Zwei lederartige Riemen und drei eiserne Schnallen kamen zum Vorschein.

„Ich vermute, die könnten einmal zu einem Rucksack oder Tornister gehört haben“, bemerkte Leo, der die beiden bei ihren Ausgrabungen beobachtete. „Die Schnallen ähneln denen, die an alten Militärrucksäcken befestigt waren. Sie haben an der Längsseite jeweils zwei schmale Einschnitte, die die Lederriemen am Durchrutschen hindern sollten. Habe ich so sonst noch nie woanders gesehen. Ich will hier nicht den Klugscheißer spielen, aber... ach, ihr werdet das schon selbst herausfinden.“

Tom war inzwischen die wenigen Meter weiter zur Schilfinsel gegangen. Von dort verschaffte er sich nochmals einen Überblick über die Beschaffenheit des Fundortes. Für die Schräglage des Gerippes versuchte er eine Erklärung zu finden. Im gleichmäßig aufgeschlickten Gelände, das sich vom Inselsockel über die halb verrotteten hölzernen Pfosten des ehemaligen Anlegers bis hin zum Schilffeld zog, konnte er keine besonderen Anzeichen oder Unregelmäßigkeiten erkennen.

Tom hatte bei der Sicherstellung des Schädels am Hinterkopf zwei auffällige Vertiefungen entdeckt und sie Lisa gezeigt. Die meinte zwar, dass es nicht ungewöhnlich sei, dass die Schädeldecke solche Art Einbrüche aufwies.

„Nach so langer Zeit kann es sich durchaus um eine natürliche Ursache handeln“, war ihr Kommentar, „aber wir sollten das unbedingt im Auge behalten.“

„Von den aufgeschichteten Steinen kann das nicht herrühren, denn die haben weitgehend nur den Brustkorb beschwert,“ Tom blieb stehen. Ein neuer Gedanke drängte sich in den Vordergrund seiner Überlegungen.

„Lisa, wenn der Tote einen Rucksack getragen hat, ist es

dann nicht eher unwahrscheinlich, dass es sich hier um einen ehemaligen Häftling des Konzentrationslagers handelt"? rief er ihr zu.

„Ja, du könntest Recht haben", nachdenklich warf sie ihre Stirn in Falten. „Und sollte sich das als Ring herausstellen, wäre es wohl eine weitere Bestätigung. Den Häftlingen wurden damals bestimmt alle persönlichen Dinge abgenommen."

„Wir haben noch etwa eine Stunde Zeit", mischte sich Leo vom Inselsockel in die Unterhaltung der beiden ein. „Wenn ihr den Radius eurer Untersuchung um einige Meter erweitert, dann ließen sich womöglich weitere Hinweise finden."

„So gründlich wie bisher können wir das natürlich nicht machen", bemerkte Lisa. „Tom, was hältst du davon, die Fangharke durch den Schlick zu ziehen?"

„Mühsam", erwiderte Tom, „die müssen wir zu zweit ziehen. Versuchen wir's."

„Wenn wir uns jeweils von der Lagerstätte nach außen zur Schilfinsel hin vorarbeiten", ... Lisa überlegte noch, als Tom schon mit dem Gerät, das an einem etwa vier Meter langen Seil befestigt war, zu ihr kam. Nach etlichen Versuchen, die nichts weiter ans Tageslicht brachten, wollten sie schon aufgeben. Da spürten sie, dass das Seil sich straffte und ein festsitzender Widerstand es unmöglich machte, die Harke weiter heranzuziehen. Schnell fanden sie heraus, dass das untere Ende der Harke sich in einem rostigen Gegenstand verfangen hatte. Ein völlig maroder alter Klappspaten wurde zutage gefördert. Der hölzerne Griff hatte sich im Laufe der Zeit voll Wasser gesogen und der Salzgehalt des Wassers hatte ihn konserviert. Eigenartig, dass der Klappmechanismus noch intakt war.

Inzwischen ließ die auflaufende Flut den großen Priel über die Ufer treten. Eine grau-gelbliche Schaumwelle überflutete mit einer beachtlichen Geschwindigkeit das Watt und die

Lagerstätte des Skeletts, die Leo rechtzeitig mit rot-weiß gestrichenen Pflöcken gekennzeichnet hatte. Es schien ihm nach den bisherigen Funden mehr als wahrscheinlich, dass die Kriminalpolizei auf der anderen Weserseite weitere Untersuchungen am Fundort vornehmen würde. Schließlich gehörte das Terrain um die Insel zur Stadt Nordenham und Kripochef Westfalen würde persönlich den Fundort aufsuchen wollen. Das hatte er schon ankündigen lassen.

Gemächlich kroch die Dämmerung wie ein graues Gespenst über das Wasser. Der auffrischende Wind trug wolkenartige Nebelschwaden von Nordwesten heran. Ganz ungewöhnlich nach einem solch herrlichen Sommertag, wo man doch eher einen der faszinierenden Sonnenuntergänge erwartet hätte, die die Touristen an der Küste in ihren Bann zogen. Den Einheimischen entging das Naturschauspiel weitgehend, denn zu sehr waren sie in ihrem Alltag eingebunden. Nur einige wenige fanden sich an solchen Abenden auf dem Deich ein, um im expressionistischen Farbenspiel der untergehenden Sonne entzückt, versonnen oder gar nachdenklich innezuhalten.

Heute herrschte dagegen eine ungewöhnliche Betriebsamkeit auf der Deichkuppe. Schnell hatte sich der grausige Fund im Dorf herumgesprochen. Die Dorfbewohner pressten gespannt ihre Ferngläser an die Augen, um vom Geschehen an der Insel noch etwas zu erhaschen. Die tiefliegenden Schatten des Nebels legten sich vor die Gläser, die milchigweißen Schwaden verhinderten ein freies Blickfeld. So blieb genügend Zeit, miteinander ins Gespräch zu kommen, und Hinnerk Lübken holte eine Kiste Jever Pils. Annegreta Meinhardus steuerte einen gutgekühlten Wumken bei.

„Nich lang schnacken, Kopp in'n Nacken. Prost!"

Keiner konnte sich einen Reim darauf machen, wie der Tote dorthin gelangt sein könnte. Über vier Jahrzehnte nach Kriegsende verschwendete niemand mehr einen Gedanken an die unheilvolle Zeit. Die wenigsten wussten noch davon, im langen Schweigen war es verlorengegangen. Die meisten der *alten Garde* hatten die bedrückende Vergangenheit tief im Innern vergraben. So mancher lebte inzwischen nicht mehr oder wartete im Kreisaltersheim auf die letzte Stunde. Schlaganfälle, Demenz, Parkinson, auch in der Wesermarsch blieben die Menschen nicht davon verschont. Zuletzt hatte es den alten Kleinert getroffen. Nur neun Tage nachdem sein Enkel den nagelneuen Volkswagen gegen einen Heckpfahl aus massivem schwedischem Granit gesetzt hatte. Totalschaden mit Schädeltrauma.

Das Beiboot hatte von der Insel abgelegt. In der Flussmitte wartete die *Senator Lührs*, um es über die Heckrutsche wieder an Bord zu ziehen. Ein alltägliches Manöver, dessen Ablauf die routinierte Besatzung unzählige Male trainiert hatte, wobei das Aussetzen des Bootes, das Wegfieren, meist ohne große Komplikationen verlief. Beim Hieven, dem Einholen des Beibootes, konnten schon eher Probleme auftauchen, zumal bei höherem Wellengang, denn das Heck der *Senator Lührs* musste passgenau angesteuert werden. Heute bereitete die seichte Dünung keinerlei Anlaufprobleme. Leo lieferte ein tadelloses Andock-Manöver ab, begleitet von den grellen, taghellen Scheinwerfern des Mutterschiffes.

Hauptkommissar Dietmar Kruse hatte es sich nicht nehmen lassen, Leo und seine Mannschaft wieder *aufzusammeln,* wie er es scherzhaft nannte.

„Kaamt rin in de goode Stuuv", an Bord wurden erst einmal alle mit einem heißen Teepunsch willkommen geheißen. Bootsmann Peter Müller, Decksmann und Smutje in Personalunion, hatte eine ordentliche Portion Rührei mit Speck in der Pfanne zubereitet und mit einer großzügigen Handvoll frischer Krabben und Kräutern garniert.

„De hefft Smacht", hatte ihn Kruse angewiesen, „maak een

rejelle Mahltiet, Peter. Soll keiner uns nachsagen, dass die Verpflegung an Bord zu wünschen übriglässt."

Lisa und Tom gaben bereitwillig Auskunft über den seltsamen Fund, waren aber mit Vermutungen sehr zurückhaltend. Das hielt Kruse keineswegs davon ab, seiner Fantasie freien Lauf zu lassen. Im Dienst sonst eher ein nüchterner, sachlicher Beamter, hatte er durchaus schauspielerische Begabungen. Doch seine Versuche, Lisa und Tom an den Spekulationen zu beteiligen, verliefen erfolglos. Die Spurensachverständigen winkten ab. Im Labor würde sich alles Weitere ergeben, man wisse ja noch nicht, wie lange das Skelett bereits im Watt gelegen hätte.

Es war bereits kurz nach Mitternacht, als die beiden die sichergestellten Objekte im Institut untergebracht hatten. Da war die Besatzung der *Lührs* in ihren Kojen längst unter die Bettdecken gekrochen. Für Lisa und Tom wäre nach diesem Einsatz eigentlich ein freier Tag vorgesehen gewesen. Eigentlich, doch hatte der Kapitän ihnen schon die Ankunft von Kripochef Westfalen avisiert.

„Wenn ihr um sieben Uhr auf der Matte steht, wird's reichen. Vorher schafft der Dickschädel es ohnehin nicht, Westfalen muss ja noch mit der Fähre übersetzen", Kruse zog bedauernd die Schultern nach oben.

Der Wecker rasselte unerbittlich. Schlaftrunken taumelte Lisa in die Küche und stellte die Kaffeemaschine an. Heute war so ein früher Morgen, an dem sie ihren Job verfluchte. Erst nach ausführlichem und abwechselndem Kalt- und Warmduschen kam sie auf Betriebstemperatur, und die Tasse Kaffee, schwarz und ohne Zucker, weckte ihre Lebensgeister.

Zum ausgiebigen Frühstück blieb keine Zeit. Ein Toast mit selbstgemachter Erdbeermarmelade auf dem Weg zum Fahrradstellplatz musste reichen. Als sie das Institut erreichte, waren die Kollegen aus Nordenham schon angekommen. Sie hatten die frühere Fähre genommen und schauten Lisa belustigt entgegen, so als ob sie signalisieren wollten, der Dienstbeginn in Bremerhaven sei ja äußerst komfortabel. Solch einen Job hätte man auch gerne.

Der Nordenhamer Kripochef hatte zwei Mitarbeiter aus seinem Team mitgebracht. Gut, dass Anke Wiechmann dabei war, Lisa kannte sie von diversen Lehrgängen. Gerade hatte Lisa die Institutstür geöffnet, als Tom um die Ecke geflitzt kam. Er hatte auf das Rad verzichtet, war mit seinem alten R4 losgezuckelt. Um diese Zeit gab es keine Parkplatzprobleme am Kaiserhafen. Seine zerzausten Haare, die in alle Himmelsrichtungen zu fliehen schienen, ließen erahnen, dass auch er sich diesen Morgen wohl anders vorgestellt hatte.

„Wir können noch gar nichts Konkretes sagen", Lisa wandte sich an Holger Westfalen. „Leo lässt ausrichten, dass er eine halbe Stunde später kommt, in Vertretung des Chefs. Herr Kruse ist kurzfristig nach Bremen beordert worden."

Westfalen ging darauf nicht weiter ein, doch Tom bemerkte, dass sich die Haltung des Mannes deutlich entspannte. Das konnte nur vorteilhaft für die kommende Besprechung sein.

Nach Inaugenscheinnahme des Skeletts, des Ringes und des Klappspatens und der Metallschnallen kamen sie übereinstimmend zu dem Schluss, dass zunächst die weitere Vorgehensweise besprochen werden sollte.

„Keiner hat in diesem Fall Lust auf Kompetenzgerangel", Westfalen gab sich kollegial. „Ich würde vorschlagen, dass wir den Fall übernehmen und die Überführung des Skeletts nach Hannover zum Landeskriminalamt in die Wege leiten. Hier können wir heute den sichergestellten Schlick durchsieben und Anke kümmert sich mit Lisa um Ring und Klappspaten. Vielleicht ist da was zu finden."

Nachdem auch Leo eingetroffen war und sich mit dem Kripochef wegen des amtlichen Papierkrams ins hintere Besprechungszimmer zurückgezogen hatte, konnte mit den näheren Untersuchungen begonnen werden.

„Fangen wir mal mit der Schlickschlacht an“, forderte Tom seinen Nordenhamer Mitstreiter Jan Werner auf, „die blauen Kunststofftonnen stehen auf der Rampe.“ Mit einem dosierten Wasserstrahl wurden die Schlickmassen verflüssigt und liefen über eine Siebanlage in die Abflussbecken. Eine mühsame und zeitaufwändige Arbeit, da das engmaschige Sieb immer wieder verstopfte. Zudem mussten die Rückstände, die sich im Sieb verfangen hatten, sorgfältig auf einem Tisch mit weißer Bespannung ausgebreitet werden. Die Ergebnisse waren ernüchternd. Außer Muschel- und Krebsschalen, sich krümmenden Wattwürmern und anderen Kleinstlebewesen war nichts gefunden worden, das in einen Zusammenhang mit dem Skelett gebracht werden konnte.

„Enttäuschend“, konstatierte Tom, „den ganzen Dreck umsonst mitgeschleppt.“ Er ging hinüber zum Arbeitsplatz von Lisa und Anke, die mit einer winzigen Bürste den äußeren Rand des Ringes bearbeitet hatten und gerade überlegten, wie sie den dunkel angelaufenen Belag im Innern des Objektes entfernen konnten. Außen herum war das kein Problem gewesen.

„Innen könnte sich eine Innschrift erhalten haben, die wir keinesfalls zerstören dürfen“, Anke mahnte zur Vorsicht.

„Ich habe keine zündende Idee, wie wir das machen“, Lisa legte die Bürste zur Seite und schaute Tom und Anke fragend an.

„Die kleinen Seepocken kann man sicherlich mit der Zange entfernen“, Jan Werner war hinzugekommen und bot sich für diesen Arbeitsschritt an, wenn denn alle damit einverstanden waren. „Den Rest versuchen wir mit Silberputz Flüssigkeit. Ich habe damit schon einmal gute Ergebnisse erzielt.“

Der Vorschlag erwies sich als erfolgreich und tatsächlich konnte die Innengravur im Ring freigelegt werden. Unter dem Mikroskop entzifferten sie die Inschrift.

Eleonore 24. Mai 1963

Leo und Westfalen tauchten wieder auf und sprachen von einem kleinen Durchbruch. Das gesamte Team spürte, dass hier ein wertvoller Ermittlungsansatz gefunden worden war.

„Wenn ihr alle mal mitkommt und euch den hinteren Teil des Schädels anschaut", Tom ging voraus und drehte den Totenschädel vorsichtig auf die linke Seite. „Hier", er zeigte auf zwei Einbruchstellen in der hinteren oberen Schädeldecke, „ich halte das für ungewöhnlich."

„Wenn man genau hinschaut, lassen sich jeweils rechts neben den Brüchen Rillen oder Kerben erkennen", Lisa hatte einen Scheinwerfer weiter heruntergezogen, damit alle ihre Beobachtung nachvollziehen konnten.

„Sagt mal", Westfalen mischte sich ein, „ihr habt doch ganz in der Nähe des Skeletts diesen Klappspaten entdeckt. Könnte der womöglich etwas damit zu tun haben?"

„Ich denke, ihr solltet den Spaten mit ans LKA schicken", Leo machte sich bemerkbar. „Die sind sowieso zuständig und wir verlieren uns nicht in Spekulationen, obwohl ich zugebe, dass auch mir der Gedanke schon gekommen ist, dass da irgendetwas nicht stimmt."

„Wo stehen wir?", Holger Westfalen fasste kurz zusammen. „Aufmerksam gemacht wurden wir auf den Fund vom Wattführer Theo Köhne. Die mitgebrachten Schlickproben ergaben keine weiteren Anhaltspunkte. Am vollständig geborgenen Skelett sind Fragen aufgetaucht hinsichtlich der sichtbaren zwei Einbrüche im hinteren Schädelbereich. Jeweils direkt daneben meinen wir Kerben und Rillen zu erkennen. Dies alles könnte eine natürliche Ursache haben. Wir wissen es nicht. Ungewöhnlich ist auch der Klappspaten, der ganz in der Nähe gefunden wurde. Ob es da eventuell einen Zusammenhang gibt, entzieht sich unserer Beurteilung. Aber alle haben zumindest einen Gedanken in dieser Richtung angemerkt.“

An dieser Stelle unterbrach der Kripochef sein Resümee, um den anderen Gelegenheit zu geben, Anmerkungen zu ergänzen. Als keiner etwas sagte, fuhr Westfalen fort.

„Einen weiterführenden Hinweis erhoffen wir uns von dem Ring, dessen Gravur unbeschädigt freigelegt werden konnte. *Eleonore 24.Mai 1963*, das wird ein wichtiger Termin für den Toten gewesen sein. Ja, ich sage den Toten, denn üblicherweise – wenn es sich denn um einen Ehering handelt – ist doch im Ring des Mannes der Name der Ehefrau eingraviert. Wir wissen nicht, ob es das Datum einer standesamtlichen oder kirchlichen Trauung ist. Das wird wohl der wichtigste Ansatzpunkt unserer weiteren Untersuchung sein“, wieder schaute Westfalen in die schweigende Runde.

„Dann haben wir noch drei metallene Schnallen, die zumindest durch ihre ungewöhnliche Form auffallen und zwei Stücke von einem Lederriemen. Hier müssen wir sehen, ob diese Funde uns zu weiteren Erkenntnissen führen“, der Kripochef beendete damit seine Zusammenfassung der bisher vorliegenden Ergebnisse.

Tom meldete sich zu Wort. „Ich möchte noch etwas ergänzen. Bei der Bergung des Skeletts war auffällig, dass der Bereich unterhalb der Beckenknochen bis zu den Füßen deutlich tiefer im Watt eingesunken war. Eine Schräglage, die ihr auf den Fotos gut erkennen könnt und für die wir bisher keine Erklärung gefunden haben.“

Aus dem Team kamen hierzu keine weiteren Fragen oder Ergänzungen. Sie waren sich einig, dass zu diesem Zeitpunkt nicht mehr über den Fall gesagt werden konnte.

„Ihr schickt uns euer Protokoll und die Fotos“, Holger Westfalen deutete damit das Ende der Besprechung an. „Das LKA wird sich spätestens morgen bei euch melden und alles abholen. Ob die auch noch mal rüber nach Langlütjen wollen, steht in den Sternen und die Flut spricht ja auch immer ein Wörtchen mit.“

Nachdem die Nordenhamer Kollegen sich auf den Rückweg gemacht hatten, schrieb Lisa den angeforderten Bericht. Tom stellte die Fotodokumentation zusammen. Inzwischen war es bereits Abend geworden. Leo sah ihnen die Erschöpfung an. Der gestrige Tag und die halbe Nacht steckten ihnen noch in den Knochen.

„Geht nach Haus, genug für heute! Ich informiere nachher den Chef über das heutige Ergebnis. Und euch will ich hier morgen nicht sehen. Freier Tag, ich habe schon alles in die Wege geleitet und mit Kruse abgesprochen.“

Lisa war froh, dass sie mit dem Rad gekommen war. Sie winkte Tom kurz zu, der sie an der Schleuse zum Kaiserhafen überholte. Sie nahm nicht den direkten Weg zu ihrer kleinen Zweizimmerwohnung nahe der Kirche, sondern bog nach rechts ab und fuhr noch ein ganzes Stück am Weserdeich entlang bis zur kleinen Badestelle, die sich nördlich der Einfahrt zum ehemaligen Fischereihafen befand. Sie liebte diesen Platz, von wo sie einen ungetrübten Blick auf die beiden alten Leuchttürme an der vor ihr liegenden Hafeneinfahrt hatte. Hier hielt sie sich häufiger auf, besonders, wenn ein turbulenter und anstrengender Tag hinter ihr lag. Schnell waren Socken und Schuhe ausgezogen, der feuchte Sand quoll durch die Zehen. An der Neigung der Bojen konnte sie erkennen, dass die Flut schon auflief. Das Wasser hatte sich an diesem Sommertag aufgewärmt, als es über die aufgeheizten Wattflächen zur Küste gedrückt wurde. Erst als Lisa bis zu den Knien im Wasser stand, empfand sie ein wenig Abkühlung. Wie fast immer führte die Flut eine auffrischende Brise mit sich heran, und endlich spürte Lisa, dass die Anspannung nachließ und sie zum ersten Mal am heutigen Tag an Sebastian dachte. Sie würde ihm nachher von zuhause aus eine SMS schicken.

Ein rot-brauner Cocker-Spaniel, den sie schon länger beobachtet hatte, wurde nicht müde, immer wieder ins Wasser zu springen, um den geworfenen Tennisball zu holen. Jetzt lief er schwanzwedelnd auf Lisa zu und legte den Ball herausfordernd vor ihre Füße. Sie tat ihm den Gefallen und beförderte das Spielobjekt zurück ins Wasser.

„Entschuldigen Sie", das ältere Frauchen kam auf Lisa zu, „er ist einfach nicht zu bändigen, wenn er in die Fluten hüpfen kann. Mein Arm ist schon lahm."

„Pure Lebenslust", Lisa hatte Socken und Schuhe im Korb verstaut und winkte der alten Dame zu, die vergeblich versuchte, ihren *Rudi* an die Leine zu nehmen.

Im Briefkasten fand Lisa ein großes Blatt Papier mit einem Smiley. *Ich habe morgen frei. Du auch, wie ich aus geheimer Quelle vernommen habe. Um 19.00 Uhr hole ich dich ab. Freue mich! Sebastian.*

Unter der Dusche spürte Lisa, wie der aufreibende Tag langsam weggeschwemmt wurde. Sie wollte sich gar nicht mit einem möglichen Verlauf des morgigen Abends mit Sebastian beschäftigen, sondern alles einfach auf sich zukommen lassen. So richtig gelang ihr dieser Vorsatz erst, als sie nach dem abendlichen Salatteller, Chicorée an Zitrone mit Orangenfilets, einem Schuss Ahornsirup und gerösteten Sonnenblumenkernen, die Ereignisse des Tages bei einem Glas Merlot Revue passieren ließ. Lisa hatte sich das angewöhnt und befolgte damit einen Ratschlag von Leo.

„Lisa, abends reinen Tisch machen. Noch einmal in Kürze alles durchgehen und dann abschalten, sonst verfolgen dich die Dinge bis in den Schlaf. Das kann man trainieren, wirst sehen!"

Während der gemeinsamen Besprechung hatte sie sich gegenüber Westfalen bewusst mit Bemerkungen und Vermutungen zurückgehalten. Ihr waren die Animositäten zwischen den beiden Großkopferen bekannt.

Wenn sie die einzelnen Erkenntnisse zu einer Einheit zusammenfügte, war sie davon überzeugt, dass sie gestern an einem Grab gestanden hatten. Ein einsamer Wanderer ist es sicherlich nicht gewesen, der aus welchen Gründen auch immer im Watt umgekippt und dessen Skelett nun vom Wellenschlag freigespült worden war, überlegte Lisa. Die ungewöhnliche Lage des Toten blieb allerdings ein Rätsel. Es könnte sich um einen Mord handeln, der sich hinter der ganzen Sache verbarg. Leo hatte ihr beiläufig erzählt, dass sich seit etwa zwei Jahren die Strömungsverhältnisse durch die Verlagerung eines breiteren Priels an der Süd-West Seite der Insel verändert hatten. Darin war wahrscheinlich die Ursache zu sehen, dass nun das Skelett freigespült worden war. Doch wie lange hatte es dort schon gelegen? Und hätten bei einem Mord der oder die Täter nicht den Ring vom Finger entfernt? Und das Motiv? Würden die Nordenhamer Kollegen mit der Gravur *Eleonore 24. Mai 1963* etwas anfangen können? Zumindest ein ungewöhnlicher Name.

Als sie schon im Bett lag, schwirrten Lisa all die unbeantworteten Fragen noch eine Zeitlang durch den Kopf. Dann besann sie sich auf Leos Rat und fiel in einen tiefen, erholsamen Schlaf.

Die Untersuchungsergebnisse des LKA ließen auf sich warten. Die äußeren Umstände führten dazu, dass dem Fall keine Priorität eingeräumt wurde. Westfalen schimpfte auf die Bummelei der Herren aus Hannover. Intern berief er eine kleine Soko ein. Anke Wiechmann und Jan Werner wurden mit der Hälfte ihrer Stunden freigestellt, um weitere Recherchen anzustellen.

„Stellt eine Liste aller erwachsenen männlichen Personen zusammen, die im Zeitraum der letzten zehn Jahre als vermisst gemeldet wurden. Eventuell findet ihr etwas Brauchbares“, der Kripochef hatte seine beiden Ermittler zu sich gebeten und bot eine Tasse Kaffee an. „Anke, du nimmst Kontakt zu den Standesämtern und Kirchenbüros in den umliegenden Kirchengemeinden auf. Es ist nicht ausgeschlossen, dass uns das weiterbringt.“

Es brachte die Untersuchung nicht weiter voran. In der Wesermarsch war keine einzige Person vermisst worden. Auch der auffällige Vorname Eleonore fand sich nirgendwo in den Listen der Standesämter oder in den Unterlagen der Kirchen. Sie steckten fest. Anke und Jan waren genervt. Die so viel Zeit in Anspruch genommene Schreibtischarbeit hatte sie keinen Millimeter vorangebracht. Vieles andere war dadurch zwangsläufig liegengeblieben. Unzufriedenheit machte sich in der ganzen Abteilung breit, so dass der Chef die Reißleine zog. Bis ein Ergebnis des LKAs vorlag, wurde die Arbeit am Fall *Skelett Langlütjen* ausgesetzt.

Die Oktobersonne verlängerte den herrlichen Sommer. Die Blätter begannen, sich zu färben, und die ersten Herbststürme würden bald über das flache Land fegen und der Farbenpracht des Laubs ein jähes Ende bereiten und alles durcheinanderwirbeln. Der Regen würde einen undefinierbaren braunen Matsch daraus formen. Westfalen war mit Anke, Jan und einer Abordnung aus Hannover im September am Fundort gewesen. Sie kamen ohne neuen Ansatzpunkt zurück. Immerhin stimmten die Kollegen aus Hannover den Überlegungen, die Anke und Jan zum Fall vortrugen, zu. Sie kündigten die Ergebnisse der ausführlichen kriminaltechnischen Untersuchungen innerhalb der nächsten zwei Wochen an.

„Wir kommen einfach nicht weiter", Anke telefonierte mit Lisa, um ihren Frust abzulassen. Sie erreichte jedoch nur den Anrufbeantworter. „Ich hab' die Befürchtung, wir hinterlassen hier einen ungelösten Fall. Wenn du noch eine Idee hast, ruf mich an."

Die Analysen des LKAs brachten letztlich Klarheit und bestätigten die Überlegungen, die Lisa bei ihrem prompten Rückruf ihrer Nordenhamer Kollegin mitgeteilt hatte. Die Einbrüche und Vertiefungen im hinteren Schädelbereich ließen sich eindeutig auf äußere Gewaltanwendung zurückführen. Die Kanten des Klappspatens, der im Labor des Landeskriminalamts vermessen wurde und von dem ein identisches Exemplar aufgetrieben werden konnte, stimmten mit den Rillen an der Schädeldecke überein. Offensichtlich waren mehrere Schläge ausgeführt worden, wobei die Hiebe von hinten das Opfer überrascht haben müssen. Auch die Höhe der Verletzungen, so hatte man in einer Simulation eines entsprechenden Angriffs mit dem Spaten festgestellt, passte zum mutmaßlichen Tathergang. Allerdings musste eine der Verletzungen durch einen schweren, breitkantigen Gegenstand herbeigeführt worden sein. Nicht auszuschließen sei, dass ein Ziegelstein zum finalen Todesstoß von dem Täter benutzt wurde. Ob mehrere Täter beteiligt gewesen waren, dazu gab es keine Aussage.

Kein Zweifel bestand dahingehend, dass das Skelett zu einer männlichen Person gehörte. Das Alter wurde mit etwa dreißig bis fünfzig Jahren angegeben. Genauer könne man sich nicht festlegen. Der beinahe komplett vorhandene Zahnstatus würde es später zweifelsfrei erlauben, die Identifikation auf sichere Füße zu stellen. Dazu müsse es in weiteren Ermittlungsschritten jedoch erst einmal gelingen, Namen und Wohnort des Ermordeten zu finden. Das sei eine besondere Herausforderung für das gesamte Ermittlungsteam, da der Tote nach grober Schätzung mindestens fünf bis acht Jahre im Watt gelegen haben musste.

Der gefundene Ring, mutmaßlich ein Ehering, sei - wie man ja wisse - ein trennbares und austauschbares Merkmal und entsprechend zu berücksichtigen. Er müsse nicht schlüssig zur Identifizierung führen, könne also vom Täter oder den Tätern bewusst eingesetzt worden sein, um eine falsche Spur zu legen. Gleichwohl sollte dieser Ermittlungsansatz ernst genommen und fortgeführt werden.

Das LKA habe bereits die Landeskriminalämter in allen anderen Bundesländern aufgefordert, eine Liste der vermissten männlichen Personen zusammenzustellen, die dem Anforderungsprofil entsprächen. Bisher gäbe es leider kein Zentralregister, auf das man zurückgreifen könne. Die Auswertung würde bei der örtlichen Kriminalpolizei Nordenham erfolgen.

Kripochef Westfalen war nicht unzufrieden, nachdem er den Bericht gelesen hatte. Er informierte sein Soko Team, dem er versuchte, neuen Schwung zu geben. Nicht zuletzt dadurch, dass er eine weitere Mitarbeiterin abordnete. Auch im Hinblick darauf, dass sie nun durch eine gezielte Presseaktion hofften, Hinweise aus der Bevölkerung zu erhalten. Schließlich war die Insel in den Sommermonaten für zahlreiche Wattwanderer ein faszinierender Anziehungspunkt. Vielleicht hatte jemand etwas beobachtet und dem bisher keine weitere Bedeutung zugemessen. Die Zeitungen hatten zwar zeitnah nach dem Fund des Skeletts groß aufgemacht berichtet. Reporter Fritz Frerichsen von den Butjenter Nachrichten hatte einige Teilnehmer der Wattwanderergruppe ausfindig gemacht, allerdings schnell erkennen müssen, dass alle nur Vermutungen von sich geben konnten. Insgeheim hatte er gehofft, an ein Foto mit Skelett vom Fundort zu kommen, das einer aus der Gruppe gemacht hatte. Doch es gab kein Foto. Aus Theo war rein gar nichts herauszukriegen. Wahrscheinlich war er von seinem Vetter und von Westfalen zum Schweigen verdonnert worden. Frerichsen war nichts anderes übriggeblieben, als den mühsamen Weg zur Insel selbst zurückzulegen. Doch mehr als ein paar nichtssagende Fotos vom Fundort waren dabei nicht herausgekommen. Die rot- weißen Markierungsstäbe standen wie vergessene Stangen schräg im Schlick.

Aus ermittlungstechnischen Gründen waren bisher keine Einzelheiten nach außen gedrungen. Nun gab das Soko-Team auf einer extra anberaumten Pressekonferenz die bestehenden Erkenntnisse an die Öffentlichkeit weiter. Westfalen war in seinem Element, hob die schwierigen Ermittlungen hervor und beantwortete geduldig alle Fragen der anwesenden Reporter. Er ließ seine Mitarbeiter ausführlich erklären, worauf der Schwerpunkt der Kripoarbeit nun liegen sollte.

Da war zum einen der Ring mit der Innengravur. Der Name Eleonore sei in der Wesermarsch sehr ungewöhnlich. Vielleicht erinnere sich jemand daran. Auch die Schnallen eines alten Militärrucksackes und das dargestellte Klappspatenmodell seien von Interesse. Frerichsen und seine Kollegen erhielten von den Objekten Fotos, die in den morgigen Wochenendausgaben erscheinen würden. Jan Werner wies auf das ungefähre Alter des Toten hin.

Die Frage nach der Tatzeit sei doch nicht unbedeutend, hakte einer der Presseleute nach. Hier schaltete sich Westfalen wieder ein.

„Man geht davon aus, dass der Tote ungefähr fünf bis acht Jahre dort gelegen hat. Aber betrachten Sie diese Aussage mit einer gewissen Vorsicht. Die Tat könnte also in der Spanne von Ende der siebziger Jahre bis etwa Mitte der achtziger erfolgt sein."

Da keine weiteren Fragen von den Journalisten kamen,

beendete Westfalen die Pressekonferenz gegen siebzehn Uhr. Er setze nun auf einen Erfolg und könne garantieren, dass alle Hinweise durch seine Mitarbeiter verfolgt würden.

Der Himmel hatte sich bezogen, und es fing an zu nieseln. Sollte nun der goldene Herbst, der sich an vielen Tagen noch wie ein geschenkter Sommer anfühlte, zu Ende gehen? Anke Wiechmann stieg fröstelnd in ihr Auto. Es war wohl an der Zeit, die wärmere Kleidung aus dem Schrank zu holen. Der Sommer war anscheinend vorbei. Ihre Mutter würde nun bald jeden Tag anrufen. Regelmäßig im November kamen ihre Depressionen zum Vorschein. Die kahlen Bäume, von deren Äste die Tropfen der dicken Nebelschwaden unablässig herunterfielen, das regelmäßige Tuten von den Nebelhörnern der Schiffe auf dem Fluss und die düsteren Tage gingen ihr auf die Nerven. Wochen einer großen Trostlosigkeit standen bevor.

„Am liebsten würde ich“, ...

„Psst, Mutti“, unterbrach Anke die Worte ihrer Mutter, „das darfst du nicht sagen, nicht einmal denken!“ Dass das nicht besonders hilfreich war, wusste sie, doch es fiel ihr nichts ein, wie sie hätte helfen können. Totensonntag, Volkstrauertag und der Todestag ihres Vaters, eine elende Aneinanderreihung dunkler Tage in diesem Nebelmonat.

Seit dem Tod ihres Vaters vor drei Jahren hatte sich die Gefühlswelt ihrer Mutter verändert. Nach der Beerdigung hatte Anke die Freudlosigkeit und Niedergeschlagenheit ihrer Mutter als natürliche und nachvollziehbare Reaktion der *Übriggebliebenen* verständnisvoll begleitet. Sie selbst spürte ebenfalls eine große Lücke, auch wenn sie nie ein ungetrübtes Verhältnis zu ihrem Vater gehabt hatte, der nicht verstehen konnte, dass ausgerechnet seine Tochter zur Mordkommission wollte. Ihr privater Lebensstil, sie hatte sich für ein

Singledasein entschieden, gab dem Vater immer wieder Anlass zu Bemerkungen, von denen er genau wusste, dass Anke sich darüber aufregte.

Als ihre Mutter begann, sich zunehmend aus dem sozialen Umfeld zurückzuziehen, hatte Anke ihrem Hausarzt besorgt die Situation geschildert.

„Schauen Sie, wie Sie Ihrer Mutter wieder ein wenig Selbstwertgefühl und Lebensfreude zurückgeben können. Ihnen wird da sicher was einfallen", damit war sie entlassen.

Für Anke war das keine Hilfe gewesen. Sie besuchte ihre Mutter regelmäßig, fuhr auch wohl mal übers Wochenende mit ihr in die blühende Heidelandschaft. Kunstausstellungen, eine längere Reise oder gar Theaterbesuche – Helene Wiechmann lehnte später all diese Vorschläge rundweg ab und verfiel in Antriebslosigkeit. Nicht immer fand die Tochter die Kraft, nach einem anstrengenden Dienst in wechselnder Schichtarbeit auch noch für ihre Mutter da zu sein. Das schlechte Gewissen ließ nicht lange auf sich warten.

Am liebsten wäre Anke dieser düsteren Stimmung entflohen, in die Sonne oder auch in eine verschneite Bergwelt, irgendwohin. *Weg, egal wohin, einfach nur raus*, dachte sie oft. Doch das mochte sie ihrer Mutter nicht antun, und nun wartete auch noch die mühsame Arbeit an dem unerfreulichen Fall auf sie. *Ich muss unbedingt Lisa anrufen*, nahm sie sich vor. *Lisa, der es fast immer gelingt, mich auf andere Gedanken zu bringen.* Doch seit die Bremerhavener Kollegin mit Sebastian zusammen war, erreichte sie oft nur den Anrufbeantworter

Trotz der großen Aufmachungen auf den ersten Seiten in den verschiedenen Zeitungen und Anzeigenblättchen, kamen nur wenige Hinweise herein. Sie riefen bei allen zurück, die sich auf der Wache gemeldet hatten. Eine brauchbare Spur ergab sich daraus nicht. Auch die eintreffenden Listen mit den Namen und weiteren Daten zu den als vermisst gemeldeten Personen erwiesen sich als unergiebig. Es schien wie verhext. Alles, was sie bisher ermitteln konnten, reichte nicht aus. Sackgasse! Ja, sie steckten in einer Sackgasse.

Schließlich rief der Chef noch einmal sein Team zusammen und stimmte dem Vorschlag von Anke zu, die Kollegen aus Bremerhaven dazuzuholen. Lisa und Tom waren bei der folgenden Sitzung anwesend. Allen war klar, dass der Fall kurz davorstand, in der Aktenablage *Ungelöste Fälle* zu landen. Westfalen fasste die bisherigen Erkenntnisse zusammen und hörte sich die daraus folgenden Bewertungen von allen an, die er ausdrücklich dazu aufforderte, sich nicht davor zu scheuen, neue Gedanken und Überlegungen mit einzubringen. Alles dürfe gesagt werden. *Frei von der Leber weg.*

„Wie ist der Tote dorthin gekommen?“, Lisa war es, die als Erste das Wort ergriff. „Wir haben bisher keine Rückmeldungen zur Identität erhalten. Könnte es nicht ein Tourist gewesen sein? Das würde erklären, warum wir aus der hiesigen Bevölkerung keine Reaktion erhalten haben.“

„Ein Feriengast verschwindet“, Jan spann den Faden weiter. „Die Unterkunft ist bezahlt, der Gast offiziell abgereist, ein ganz normaler Vorgang. Niemand schöpft Verdacht.“

„Das einzige Problem ist, das wir keine Vermisstenmeldung haben und auch bundesweit keine vermisste Person ausgemacht wurde, die wir mit den bisherigen Erkenntnissen in Verbindung bringen konnten,“ Westfalens nüchterne Feststellung zeigte ihnen das Dilemma wieder auf, in dem sie steckten.

„Es sei denn, es ist ein Gast aus dem Ausland gewesen. Das erscheint mir aber doch eher unwahrscheinlich“, fügte Tom hinzu, „die Inschrift im Ring schließt das zwar nicht aus, aber wenn wir den Todeszeitraum bedenken, dann sind in der Zeit sicher nur wenige Touristen aus dem Ausland in dieser Gegend gewesen. Ausschließen können wir allerdings gar nichts.“

Weitere Vermutungen schwirrten durch den Raum, die jedoch alle verworfen wurden. Ergebnislos brach man die Sitzung ab. Enttäuschung machte sich breit, und bevor alle mit einem resignierten Achselzucken den Heimweg antraten, versuchte der Kripochef noch mit dem Abschiedsgruß *kein Ergebnis sei schließlich auch ein Ergebnis* zu retten, was nicht mehr zu retten war.

Kommissar Zufall sollte schließlich zur Lösung des Falls führen. Am Ersten Advent besuchte Margarete Meiners, wie jedes Jahr, ihre Eltern in der kleinen gemütlichen Fischerkate in Burhaversiel. Ihre Eltern hatten das Häuschen Anfang der sechziger Jahre umbauen lassen, als der Vater seinen Krabbenkutter an Jens Petersen, den Sohn des Hafenmeisters, verkauft hatte. Seit der Zeit vermietete Helga Meiners zwei Zimmer an Feriengäste. Erst als beide schon über achtzig waren, nahmen sie keine Touris mehr auf.

Nachdem Margarete den Adventsstollen gebührend gelobt hatte, lenkte sie das Gespräch auf den Zeitungsbericht, der ihr einfach nicht mehr aus dem Kopf gehen wollte. Ihre Eltern hatten den Artikel nicht gelesen. Vielleicht lag es daran, dass sie die Wochenendausgabe von ihren Nachbarn nicht erhalten hatten, mit denen sie sich ein Abonnement des *Butjenter Boten* teilten. Nun erinnerten sie sich. Ja, einmal hatten die Nachbarn tatsächlich das Blatt nicht in den Briefkasten gesteckt und sich entschuldigt. Ihre Enkelin Johanna habe den *Boten* mitgenommen.

„Papa hat damals gesagt, dass sei nicht weiter schlimm. Steiht doch jümmers datsülvige in“, erklärte Margaretes Mutter.

„Ihr hattet doch seit Ende der sechziger jedes Jahr den Paul Schmidt als Feriengast. Zuerst machte er immer mit seiner Frau Urlaub. Die setzte dann aus, weil sie gerne mal was anderes sehen wollte als immer nur das platte Land und das Watt. Hieß die Frau nicht Lore?“

„Lore wurde sie genannt, ihr richtiger Name war Eleonore“,

Helga Meiners erinnerte sich. „Wieso willst du das gerade heute wissen?"

Margarete berichtete ihren Eltern über den Aufruf in der Zeitung.

„Du siehst ja Gespenster", amüsierte sich ihr Vater. „Liest wohl zu viele Krimis?"

„Der Paul", fiel Helga ihrem Mann ins Wort, „der ist damals ganz plötzlich weggeblieben. Zuletzt war er noch einmal mit Lore da und dann haben wir nie wieder was von den beiden gehört."

„Ja, das war schon komisch. Ich erinnere mich", Margarete kramte in ihrem Gedächtnis. „Ich weiß noch, wie ihr beide gesagt habt, dass der Paul gar nichts mehr von sich hat hören lassen. Der schrieb sonst immer zu Weihnachten eine Karte. Wisst ihr noch, wo die Schmidts herkamen?"

„Irgendwo aus dem Schwarzwald. Deshalb ist er auch immer vierzehn Tage geblieben. Sonst lohne sich das wegen der weiten Anfahrt nicht. Der Ort fällt mir nicht mehr ein. Weißt du das noch?", Helga Meiners sah ihren Mann fragend an. Doch der zuckte nur mit den Schultern.

„Vielleicht finden wir die Adresse in deinem Archiv, Mutti. Du hast doch alles Mögliche aufbewahrt und lautstark protestiert, als wir den ganzen Kram in den Container werfen wollten."

Margaretes Vater holte drei leicht angestaubte Kartons aus der Abseite, eine Sammlung von Anmeldeformularen aller Gäste, die bei Meiners Urlaub gemacht hatten. Fein säuberlich nach Jahrgängen geordnet und akribisch mit fortlaufenden Nummern versehen. *Wer weiß, ob man die noch mal beim Finanzamt oder der Meldebehörde vorzeigen muss,* hatte Helga Meiners zu ihrem Mann immer gesagt.

Schnell war die Adresse von Eleonore und Paul Schmidt gefunden. Margarete Meiners verwarf den Gedanken, selbst im Schwarzwald anzurufen. Was hätte sie sagen sollen? Wie peinlich, wenn sie auf Nachfragen wieso? weshalb? warum? nur ein elendes Gestotter herausbekäme. Sie rief umgehend bei der Kripo Nordenham an und bekam Jan Werner an den Apparat, der Wochenenddienst hatte. Für den nächsten Morgen um zehn verabredete man einen Besuch.

Interessiert hörten sich die beiden Polizeibeamten die Berichte der Meiners an. Sie baten darum, das letzte Anmeldeformular von den Schmidts mitnehmen zu dürfen. Vom 4. bis zum 18. September 1976 hatten die Gäste gebucht. Handschriftlich hatte Helga Meiners auf dem Rand eingetragen: *vorzeitig abgereist 14.09.76,* aber keiner konnte sich mehr an den Grund erinnern.

Rupert Wiese saß verdrießlich am Schreibtisch, als um kurz nach vierzehn Uhr das Telefon im Polizeiposten Elzach klingelte. Er war der Einzige, der von der Grippewelle verschont geblieben war. Schniefend und hustend hatte der letzte Kollege ihn schon um kurz nach sechs Uhr aus dem Bett geholt.

„Mich hat‘s nun auch erwischt, halte die Stellung“, mehr hatte der nicht gesagt und das Telefonat in einer heftigen Niesattacke abrupt beendet.

Anke Wiechmann informierte den erstaunten Kollegen aus dem Schwarzwald und bat um Amtshilfe. Wiese verwies auf die derzeitige katastrophale Personaldecke im Polizeiposten Elzach.

„Ich bin hier der letzte Mohikaner und kann in dem Fall nichts weiter ausrichten. Wissen Sie, Frau Wiechmann, die Kollegen aus Freiburg werden den Fall sowieso übernehmen. Faxen Sie die Unterlagen dorthin und besprechen ihr Anliegen.“

Auch wenn Anke im nun folgenden Telefonat alles minutiös wiederholen musste, hatte sie doch ein gutes Gefühl. Im fernen Freiburg wurde professionell gearbeitet und hier blieb in dem Fall zunächst nichts weiter zu tun, als abzuwarten.

In der Woche vor Heiligabend erreichte eine erlösende Botschaft das inzwischen aufgelöste Soko Team der Nordenhamer Kripo. Der Fall war gelöst. Mitten in die adventliche Weihnachtsfeier der Abteilung platzte die Nachricht aus Freiburg. Eleonore Schmidt habe den bohrenden Fragen nicht lange standgehalten und war voll umfänglich geständig. Auf einem gemeinsamen Ausflug durch das Watt zur Insel Langlütjen II habe ihr damaliger Liebhaber, Kurt Schneider, zugleich ein Freund ihres Mannes und ihr jetziger Lebenspartner, ihren Ehemann Paul Schmidt von hinten mit einem Klappspaten erschlagen. Gemeinsam hätten sie den Toten im Schlick eingegraben, aber den Oberkörper nur notdürftig verscharren können, da die auflaufende Flut sie gezwungen habe, den Rückweg zum Festland vorzeitiger anzutreten als geplant. Wie es gelungen sei, so merkten die Kollegen aus Freiburg an, die Abwesenheit von Paul Schmidt so lange in der Nachbarschaft und gegenüber den Behörden geheim zu halten, würden die weiteren Ermittlungen ergeben. Diese Fragen seien noch zu klären. Eleonore Schmidt und Kurt Schneider säßen in Freiburg in Untersuchungshaft.

Der klirrende Frost hatte die Wesermarsch fest im Griff. Kurz vor dem Nikolaustag drehte der Ostwind mächtig auf und brachte eisige Temperaturen mit sich. Bis zur Insel war das Watt inzwischen von mächtigen Eisschollen überdeckt, die sich bei jeder Flut übereinander schoben und ineinander verkeilten. Bizarre Eisungetüme prägten das Landschaftsbild, die Erwachsenen machten nur die allernotwendigsten Schritte vor die Tür. Die Kinder stürmten gleich nach Schulschluss hinaus in die Schneewüste, sausten mit den Schlitten die kleinen Hügel und Deiche hinunter, und auf den Sielen und Grachten verführte das spiegelglatte Eis zum stundenlangen Schlittschuhlauf.

Holger Westfalen erhob das Glas Sekt. Die Kollegen gratulierten dem Soko Team zum erfolgreichen Abschluss des Falls *Skelett Langlütjen*. Allgemeine Aufgeräumtheit und gelöste Heiterkeit, Schulterklopfen und anerkennende Worte durchfluteten die Wache in der Walter-Rathenau-Straße.

Anke Wiechmann wurde gegen 19 Uhr vom Wachhabenden ans Telefon gerufen. Das Krankenhaus Nordenham meldete sich.

„Ihre Mutter ist gerade eingeliefert worden", die Dame am Informationsschalter verwies sie auf den zweiten Stock: „Intensivstation."

Auf dem Weg nach oben musste Anke an den letzten Besuch bei ihrer Mutter denken und ihre eigene Hilflosigkeit, die düstere Gedankenwelt ihrer Mutter aufzuheitern. Doch als sich die Tür des Fahrstuhls mit einem leicht knirschenden Geräusch schloss, war plötzlich ein anderer Gedanke da, der sich nicht abschütteln ließ. *Einsamkeit,* dachte sie, *diese Scheiß Einsamkeit,* die sich wie der lange, eintönige, von kaltem Neonlicht beschienene Korridor hier oben auf der Intensiv durch die letzten Jahre von Helene Wiechmann hingezogen hatte. *Scheiß Einsamkeit. Scheiß Antidepressiva, die ganze Palette hatte die Teilnahmslosigkeit nur zementiert.*

Im abgedunkelten Zimmer, zu dem sie von der Nachtschwester geführt wurde, waren die medizinischen Überwachungsmonitore abgestellt. Keine grünen Ausschläge zu sehen, die sich übers Bild schlängelten, kein Piepton zu hören.

Anke würde die täglichen Anrufe ihrer Mutter vermissen.

Utopia

Kopfschüttelnd sitzt Bürgermeister Hans Mommsen am Schreibtisch seines Dienstzimmers im Nordenhamer Rathaus. Gerade eben hat seine Sekretärin ihm ein kurioses Schreiben hereingereicht. Es ist so wirr formuliert, dass Mommsen es mehrere Male lesen muss, um überhaupt den Sinn zu verstehen. Ein King Marduk I., Head of State, macht in umständlichen Formulierungen deutlich, dass die Insel Langlütjen II weder zum Stadtgebiet Nordenham noch zum Kreis Wesermarsch gehöre. Auch das Land Niedersachsen, die Bundesrepublik Deutschland und die Europäische Union hätten keine staatsrechtlichen Hoheitsrechte - Langlütjen II sei Staatsteilgebiet des State of Kingdom of Marduk. Keinesfalls sei Unwissenheit oder gar Dummstellen der Verwaltung dazu geeignet, diesen Tatsachenbestand zu negieren. Und er, der Bürgermeister, und ab hier verstieg sich der selbsternannte King in wüste Beschimpfungen, sei ein Lump, der seine Untreue zur Verfassung bereits mehrfach dokumentiert habe. Volksverhetzung und kriminelle Amtsgeschäfte seien bestätigt und die Machenschaften und Kungeleien bodenlos. Das gelte im Übrigen auch für den angeblich neuen Eigentümer, der selbst ein korruptes Geschöpf sei und keinerlei Ansprüche auf das Staatsgebiet des King of Marduk I. habe.

Ehe sich Mommsen über diesen Wisch aufregen konnte, kam Beate Schröder, seine Sekretärin, zurück ins Amtszimmer und brachte einen Stapel Ausdrucke. Sie hatte im Internet recherchiert.

„Hans, lies das erst einmal, dann weißt du, was für ein Spinner der Verfasser ist, King Marduk I.“, amüsierte sie sich.

Neben der einzigen Hochseeinsel Deutschlands, Helgoland, beanspruchte der blaublütige King of Marduk auch

Gebiete um die ostfriesischen Inseln und um den Bodensee herum.

„Das Schwäbische Meer ist eines unserer elementarsten Staatsgebiete, des State of Marduk“, schwafelte der King in diversen Hintergrundberichten, die in den regionalen Zeitungen publiziert wurden. Sehr zum Vergnügen der Journalisten, die allesamt versucht hatten, die Person, die solch hirnverbrannte Ansprüche stellte, zu identifizieren.

Bevor die Sekretärin ihrem Chef einen Tee holte, wie immer mit Kandis und Sahne, gab sie noch den aktuellen Spruch ihres Bruders zum Besten, der zur Bewertung der ganzen Sache folgendes geäußert hätte:

„Der Marduk ist ein echter Vollpfosten!“

Hans Mommsen, durch Beate immer mal wieder in den Trend der derzeitigen Jugendsprache eingeweiht, musste nicht lange überlegen, um dem zuzustimmen. Komisch, dass ihm bei diesem Begriff gleich einer der Ratsherren vor Augen erschien. Vollpfosten, eine wunderbare Beschreibung, die er zumindest in seinen privaten Gebrauch übernehmen würde.

Er warf den Wisch dahin, wo er hingehörte. In den Papierkorb. Immerhin bot dieser chaotische Brief einen Anlass, um ein Telefonat mit dem jetzigen Eigentümer des alten Weserforts zu führen, einem nicht unvermögenden Immobilienbesitzer aus der Hansestadt Bremen. Der hatte vor einiger Zeit die Insel von der Bundesanstalt für Immobilienaufgaben erworben und Ideen entwickeln lassen, wie das inzwischen denkmalgeschützte Objekt gewinnbringend zu verwerten sei. Mommsen und Fiete Möller, sein geschätzter Oberbürgermeister-Kollege aus Bremerhaven, hatten sich von Anfang an interessiert gezeigt und waren offen für neue Ideen, wie man das von Zerstörung bedrohte Eiland für die Region erschließen konnte. Mitten im Nationalpark Niedersächsisches Wattenmeer gelegen, sollte es ohnehin schwierig für den Investor werden, ein Konzept zu entwickeln, das die Entscheidungsträger überzeugen würde. Viel zu oft wurde in starren Schranken und dogmatischen Standpunkten gedacht. Hans Mommsen war überzeugt, dass sich Naturschutz und eine sensible ökonomische Nutzung der Insel nicht ausschließen mussten. Seit er diese Überzeugung auch öffentlich geäußert hatte, landeten stapelweise Protestbriefe der Naturschützer auf seinem Schreibtisch, die zum Teil über die perfiden Anschuldigungen des Mardukschen Briefes hinausgingen. Sie unterstellten nicht nur eine bedenkliche Nähe zu einem Investor, sondern schreckten auch vor persönlichen Angriffen nicht zurück.

In der Bremer Zentrale seines Unternehmens begrüßte Tobias Brusch eine interessante Gesprächsrunde, die für das Entwicklungskonzept der Insel zu einem Brainstorming zusammengekommen war. Es ging einerseits darum, eine mehrheitsfähige Umgestaltung von Langlütjen II zu konzipieren und andererseits eigene unternehmerische, ökonomische Interessen darin einzuflechten. Schließlich hatte Brusch bereits einen hohen sechsstelligen Betrag in die Reparatur und Sanierung der nördlichen Steindossierung investiert. Dort waren die Schäden durch die Gewalt der Fluten schon so weit fortgeschritten, dass ein vollständiger Einbruch auf dieser Inselseite befürchtet werden musste. Würde das Wasser erst einmal in den fast acht Meter tiefen Umlaufgraben und die unterhalb des Meeresspiegels liegenden Kasematten eindringen, wäre das alte Weserfort für immer unwiederbringlich verloren.

Diesen Gedanken verfolgte die Expertenrunde und glaubte, durch die bereits eingeleiteten Vorleistungen zum Erhalt von Langlütjen II eine zustimmungswürdige Ausgangslage erarbeiten zu können.

Brusch selbst beschrieb in einer Stellungnahme bei der

öffentlichen Vorstellung sein Projekt voller Begeisterung so:

„Langlütjen II ist ein weltweit einzigartiges Kulturerbe, eingebettet in eine grandiose Naturlandschaft. Das Gefühl, auf der Insel den Elementen ausgesetzt zu sein, verstärkt das Erleben der sich wandelnden Umgebung. Derartige Randbedingungen entsprechen den zeitgemäßen touristischen Ansprüchen und üben hohe Anziehungskraft aus.

Das kaiserliche Fort ist auf unterschiedliche Weise mit dem Deutschen Bund, dem Kaiserreich und dem Nationalsozialismus verbunden – kurz, sehr wechselvollen Kapiteln der deutschen Geschichte.

Eine Beibehaltung des derzeitigen Status der unbetretbaren und der öffentlichen Wahrnehmung entzogenen Insel scheint wenig sinnvoll. Die Wiederherstellung und der Unterhalt eines Kulturdenkmales von nationaler Bedeutung, noch dazu auf einer künstlichen Insel im Nordseeeinfluss, erfordern dauerhafte erhebliche finanzielle Mittel.

Neue Nutzungen können die wirtschaftliche Basis bieten, um den Aspekten des Landschaftsschutzes sowie dem kulturellen Anspruch des Baudenkmals gleichermaßen gerecht zu werden. Erreichbarkeit, Aufenthaltsqualität, Wellness, Zeichenhaftigkeit spielen dabei eine entscheidende Rolle.“

Um diesen nicht ungeschickt vorgetragenen Argumenten weitere sachgerechte Kriterien beizufügen, unterstützte Brusch mit Fördermitteln einen renommierten Professor der Technischen Universität Braunschweig, der mit einer Studentengruppe in einer Semesterarbeit unterschiedliche Entwürfe für ein zukunftweisendes Gestaltungskonzept der Insel vorlegte.

Das Ziel für das künftige Nutzungskonzept war dabei definiert als einen *„Umgang mit dem aufregenden Element Wasser/Wattenmeer, dem vorgefundenen Bestand vor der industriellen Silhouette* (damit spielte man auf die Kräne des Containerterminals Bremerhaven an), *aber auch dem Thema Museum/Hotel/ Wellness zu üben.“*

Bevor die Ergebnisse diverser architektonischer Entwürfe der Öffentlichkeit vorgestellt werden konnten, erlebte die Insel ein besonderes Spektakel. Eine kleine Theatergruppe wagte eine dokumentarische Landschaftsinszenierung, doch ehe diese in verschiedenen Szenen am Originalschauplatz zur Aufführung kommen konnte, hatte der Regisseur behördliche Hürden zu überwinden. Erst nach deren erfolgreicher Bewältigung, konnten die Zuschauer per Schiff von Bremerhaven zur Insel befördert werden.

In unterschiedlichen Szenen, die alle in den halb verfallenen Kasematten oder oberhalb des tiefen Grabens ihren Bühnenplatz fanden, erschlossen sich dem Publikum unerwartete, ja bedrohliche Räume. Kein überbordendes Brimborium aus Lichtkanonen, keine dröhnende Musik aus Gigawattboxen, die als martialisches Outfit einer Festungsinsel vielleicht von den Zuschauern erwartet wurden, begleiteten die Schauspieler. Nur ihre Stimmen, ihre Körper, ihre Akrobatik im zerstörten Mauerwerk holten die Zuschauer zurück in eine verstörende Welt der Vergangenheit. Die Schauspieler gaben dem Gemäuer längst verstummte Stimmen zurück und man hörte und sah in bedrückender Atmosphäre die Gefangenen und die Nazischergen und konnte sich diesem Kapitel der Geschichte nicht entziehen. Man nahm teil, als die Festlandbewohner nach dem Krieg das Eiland stürmten und alles abtransportierten, was noch zu verwerten war. Man sah die Kinder auf der verbotenen Insel spielen und begehrte Munitionsreste sammeln.

Wie zum Hohn hatten offensichtlich einige Neo-Nazis während der langen Jahre, in denen die Insel im Dornröschenschlaf verharrte, mit blutroter Farbe ihre drohende Botschaft an eine der bröckelnden Mauern geschmiert.

„Egal wer L II kauft, bekommt uns mit! Sieg Heil!“

Vielleicht war es diese Drohung, die die Zuschauer als letzten Gruß auf dem Rückweg zum Schiff weiter in nachdenklicher Stimmung verharren ließ, ehe sie über einen schwankenden Bootssteg wieder an Bord gelangten.

Im Regionalforum Bremerhaven-Unterweser warben unterdessen Hans Mommsen und Fiete Möller für eine offenere Haltung gegenüber den Plänen, die die Arbeitsgruppe der Studenten vorstellte.

Die dokumentierten ihre Arbeiten in zehn Entwürfen, die zum Teil futuristisch anmuteten. In der funktionalen Verteilung hielten sich alle an die vorgegebene Aufgabenstellung, den vorhandenen Bestand des Baukörpers zu integrieren und dabei Räume zu schaffen: für eine Hotelanlage mit Panoramarestaurant und Wellnessbereich, für ein Museum, in dem die Geschichte der Insel aufgearbeitet werden sollte und für ein Dokumentationszentrum mit enger Anbindung an Forschungskapazitäten für den Komplex Nationalpark Wattenmeer.

„Ich möchte Langlütjen auch als Denkmal erhalten“, erläuterte Brusch sein Vorhaben, das Investitionsmittel im zweistelligen Millionen-Bereich erforderlich machen würde. „Die Geschichte der Insel soll auch architektonisch nicht untergehen. Doch das alles muss finanziert werden. In einem Hotel können Touristen ein einmaliges Schauspiel erleben – auf der einen Seite sehen sie den Containerterminal Bremerhaven in seinen täglichen Arbeitsabläufen und die Schiffe, die von hier aus in alle Welt fahren. Auf der anderen Seite können sie ihren Blick auf das weite Wattenmeer lenken. Eine Kombination, die nirgendwo sonst geboten wird.“

Am 19. April 2010 präsentierte der Eigentümer des Eilandes die entstandenen Modelle der Seminararbeit. Dabei zeigten die von den zukünftigen Architekten entwickelten Ideen, dass von der größtmöglichen Erhaltung des Bestandes bis hin zu einer Besetzung der Insel mit einem neuen Baukörper alles möglich erschien. Interessante, gelegentlich utopisch anmutende Entwürfe ließen die vielfachen Möglichkeiten einer neuen Nutzung erkennen. Transparente Glasfassaden, vorgesetzte und variable Gewebeplanen als Schutz vor Wind, Regen und Sonne erinnerten an den maritimen Charakter der Inselumgebung. Sie würden wie prall gefüllte Segel weit übers Wattenmeer leuchten.

Ein sensiblerer Entwurf bevorzugte ein hohes Maß an Zurückhaltung. Die denkmalgeschützte Substanz wurde mit modernen Funktionen besetzt. Das äußere Erscheinungsbild blieb dadurch nahezu unverändert erhalten.

Weitere Ergebnisse wurden präsentiert, doch die Befürworter der Pläne konnten in den Gesichtern der Behördenvertreter keine Tendenz erkennen, obwohl der ein oder andere sich im persönlichen Gespräch durchaus angetan zeigte von der Vielfalt der dargestellten Lösungswege. Unter den Zuschauern entspann sich eine angeregte Diskussion, die kontrovers geführt wurde. Eine gelungene Kombination verschiedener räumlicher Verbindungen zwischen einer Beherbergung von Ausstellungen zum Naturschutz, einem Wellness Hotel, Forschungsabteilungen und einer Museums- Abteilung ließen die Hoffnung nicht unbegründet, dass die Genehmigungsbehörden überzeugt werden konnten.

Brusch zeigte sich aufgeräumt: „Meine Damen und Herren. Sie entscheiden über eine einmalige Gelegenheit, ein Denkmal von nationaler Bedeutung zu erhalten und gleichzeitig eine zukunftsfähige Nutzung, die letztlich auch dem Naturschutzgedanken Rechnung trägt, zu ermöglichen."

„Der Unterweser-Region würde das auf langfristige Sicht guttun", Fiete Möller meldete sich mit diesem Statement als Befürworter zu Wort. Hans Mommsen nickte zustimmend.

Die Behördenmühlen und der Amtsschimmel traten in Aktion. Die Nationalparkverwaltung, das Wasser- und Schifffahrtsamt, die Küstenschutzbehörde und das zuständige Denkmalamt lehnten den Bauantrag schließlich ab.

Man wolle keinen Präzedenzfall schaffen. Das würde an anderer Stelle im Nationalpark zu Begehrlichkeiten führen.

„Schade, dass hier eine Chance vertan wurde", Hans Mommsen wandte sich den Akten auf seinem Schreibtisch zu.

Die Nationalpark-Ranger Regina Pfeifer und Edwin Kurschildgen freuten sich. Voller Eifer erfassten sie die Bestände der Brutvögel auf L II. Das Wattenmeer zwischen Langwarden und Tettens würde als bedeutender Lebensraum für Vögel erhalten bleiben. Löffler, Herings- und Silbermöwe, ja sogar die äußerst seltene Mantelmöwe wurden beobachtet. Brandgans, Lachmöwe, Flussseeschwalbe und ein Paar des gefährdeten Sandregenpfeifers ließen das Herz der eifrigen Ornithologen höherschlagen.

Ein paar Jahre später folgte dann die Katastrophe: Die Vogelgrippe raffte die Bestände dahin. Eine Viruskrankheit, als besonders virulent klassifiziert, ursprünglich als sog. Typ Asia aus China gekommen, erreichte in der globalen wirtschaftlichen Verflechtung auch die abgelegensten Gebiete. Mehrfach ging sie auf Menschen über, mit üblen Folgen. Vorboten einer anderen Zeit?

Wer dem Wattführer Theo genau zugehört hatte, schließlich flossen über viele Jahrzehnte genaueste Kenntnisse über die Veränderungen in diesem Teilgebiet rund um die Langlütjen Inseln in sein Urteil ein, dem war auf der Wanderung durchs Watt auch aufgefallen, dass in den wabbeligen, alles erstickenden Schlammmassen, die sich in den letzten Jahren gebildet hatten, kein artenreiches Leben mehr zu finden war.

„Hier ist das Watt tot", erschrocken schauten die Teilnehmer der Wandergruppe Theo an, „die Nahrungsgrundlage für die Vögel ist nicht mehr da. Jedenfalls nicht hier", er zeigte mit großräumigen Armbewegungen in die Runde. Nach einer kurzen Pause fuhr Köhne fort: „Die Salzwiesen wurden früher durch Beweidung kurzgehalten und waren Brutstätten für viele Vogelarten. Heute hat sich in diesen Bereichen der Bewuchs mit hohen Gräsern durchgesetzt. Da finden Sie keine Brutpaare mehr. Aber auch diese Gebiete gehören zum Nationalpark, und manchmal haben Verordnungen der Behörden sich als wenig vorausschauend erwiesen. Meine Einwände und Warnungen haben die gescheiten Herren in den Wind geschlagen."

Epilog

Das Jahr 2176 schaut auf eine andere Welt. Dreihundert Jahre nach dem Erbau der Langlütjen Inseln hatte die Nordsee alles zurückerobert. Umsonst der Kampf der Vorausschauenden gegen den Klimawandel zu Beginn des 21. Jahrhunderts. Verzweifelte Menschen hatten sich damals auf Straßen und Flugplätzen fest auf den Asphalt geklebt und wurden von der Mehrheit als lästige Störer empfunden, die das komfortable und bequeme Leben infrage stellten. Der Klimawandel, bereits viele Jahrzehnte vorher mit seinen verheerenden Folgen von den Forschern prognostiziert, an den Messdaten objektiv nachzuvollziehen, wurde in seiner drastischen Auswirkung nicht ernst genommen. Warum sollte man verzichten? Man hatte doch nur dieses eine Leben? Nach dem Motto *„Nach mir die Sintflut"* wurden politische Gruppierungen bei Wahlen abgestraft. Da setzte man doch lieber auf den einen, dem das Wort Verzicht nicht über die Lippen kam. Auch wenn man mit ihm unterging. Und der Untergang kam.

Die letzten Reste der ursprünglich gewaltigen Eismassen auf Grönland waren bis zur Mitte des Jahres 2065 geschmolzen und hatten den Meeresspiegel inzwischen weltweit um einige Meter ansteigen lassen. Die letzten Alpengletscher schmolzen schon zwanzig Jahre früher wie Butter in der Mittagssonne. Riesige Landmassen fielen den Ozeanen und Meeren zum Opfer. Weltweite Migrationsbewegungen waren die Folge und stellten die Menschen vor kaum zu lösende Probleme, die allzu oft in Anwendung physischer Gewalt und rigoroser Abschottung endeten.

Und die Wesermarsch? Voller Zuversicht hatte man immer wieder die Deiche erhöht und gestand sich viel zu spät ein, dass in dem Katz-und-Maus-Spiel zwischen der See und den

Menschen der Mensch nicht gewinnen konnte. Mit einer der letzten Sturmfluten im Herbst 2073 zerfetzten Kaventsmänner die Deiche und fraßen sich tief in den fetten Marschenboden wie gierige Wolfsrudel, die eine Schafherde im Blutrausch niedermetzelten.

Langlütjen II hatte lange standgehalten und der Nordsee getrotzt. Doch die hatte den längeren Atem. Zunächst spülte sie die Fugen in der Steindossierung frei und schickte dann stärkere Wellen, die die Sandsteinquader aus ihrer Verankerung rissen, sie anhoben und durcheinanderwirbelten. Wie riesige Spielklötze lagen sie verstreut im Watt, betätigten sich gar für einige Jahre noch als ungewollte Wellenbrecher. Die Schilfinsel war bereits achtunddreißig Jahre früher ein Opfer der See geworden. Nichts erinnerte mehr an ihre Existenz.

Der Investor hatte nach der Ablehnung seiner Bauplanungen kein Interesse mehr gezeigt, das künstliche Weserfort zu schützen und seine Nachfolger blieben dieser Linie treu. Die Insel tauchte im Portfolio unter, war abgeschrieben.

Als der Durchbruch des Meeres zu den tiefliegenden Kasematten nicht mehr aufzuhalten war, war es für einen Orkan, der am 17. November 2066 von Nordwest kommend heranstürmte, ein Leichtes, den Rest des künstlichen Eilands hinwegzufegen.

Langlütjensand war wieder frei und die schaumbekränzten Wellen spielten übermütig mit den Winden und bargen in sich zugleich ihre alles zerstörende Macht. Nach langen Jahrzehnten, ja nach Jahrhunderten, triumphierte die Nordsee.

Apokalyptische Szenen, die an die großen Fluten in den weit zurückliegenden Jahrhunderten erinnerten, entrissen den Bewohnern der Marschen ihre Existenzgrundlage. Vergleiche mit der *Großen Manndränke* und den *Weihnachtsfluten*, die den Menschen ihre Ohnmacht vor Augen geführt hatten, wurden aus den historischen Kirchenbüchern hervorgekramt.

Im Laufe dieser Jahrhunderte lernte der Mensch jedoch dazu und es prägte ihn ein ungebrochener Glaube an die Technik und den Fortschritt. In seinem Allmachts Anspruch schien es so, als sei auf dem blauen Planeten alles beherrschbar. Hatte man nicht sogar die unendliche Weite des Weltraums erobert?

Weitere Zweifel an diesem fest in den Menschen verankerten Prinzip der Überlegenheit traten auf, als bis gegen Ende des 21. Jahrhunderts immer wieder Pandemien unendlich viele Menschenleben dahinrafften. Zoonosen, Infektionen, die vom Tier auf den Menschen übersprangen, ließen sich zunächst kaum mehr eindämmen, und doch fanden sich Wissenschaftler, die unter größten Kraftanstrengungen Lösungen zur Überwindung der scheinbar nicht zu lösenden Probleme entwickelten. Manchmal erst, nachdem viele Opfer zu beklagen waren, immer öfter auch in vorauseilender Intuition.

In solchen Zeiten weltweiter Verunsicherungen und globaler Katastrophen, die schon immer eine stetig wiederkehrende Begleiterscheinung im Dasein des Menschen seit seiner Vertreibung aus dem Paradies waren, zeigte sich einmal mehr die Stärke des Menschengeschlechts. Der unerschütterliche Optimismus obsiegte über deprimierendem Pessimismus und resignierender Kapitulation. In dem ewigen Spiel um Bestehen und Vergehen bahnte sich die schiere Unerschöpflichkeit menschlichen Ideenreichtums einen rettenden Weg, von dem die Bewohner des Erdballs im Jahre 2024 nicht die leiseste Ahnung hatten.

Trutz blanke Hans

Hinweise und Dank

Seit meiner Kindheit hat mich die Festungsinsel *Langlütjen II* (die *„Batterie“*, wie sie von den älteren Einheimischen auch genannt wurde) fasziniert. Ähnlich ergeht es meinem Freund *Theo Köhne*, der seit über sieben Jahrzehnten immer wieder dieses Eiland im Wattenmeer aufsucht, das sich seit dem Jahr 2006 im Privateigentum befindet. Von ihm habe ich viele wertvolle Hinweise und Anregungen erhalten, ohne die der Roman so nicht hätte geschrieben werden können. Mein besonderer Dank gilt dem *„alten Wattführer“*.

Alle anderen im Roman auftretenden Personen mit Ausnahme der historischen Persönlichkeiten gab / gibt es nicht, Ähnlichkeiten sind rein zufällig.

Bei der Recherche hat *Heddo Peters* mich tatkräftig mit Informationen aus dem Archiv des Rüstringer Heimatbundes unterstützt. *Uli Schlüter*, Redakteur der Nordwestzeitung, stellte bereitwillig weiterführendes Material zur Verfügung. Ebenso der Nordenhamer Altbürgermeister *Hans Francksen* und sein ehemaliger Kollege *Rolf Blumenberg* aus Butjadingen.

Jens-Torsten Bausch, Eigentümer der Insel, ließ mich Einblick nehmen in interessante Entwürfe, die Braunschweiger Architekturstudenten als mögliches Nutzungskonzept für eine *Insel der Zukunft* entwickelten. Zitate in dem Romanabschnitt sind z.T. übernommen aus: *„Fort Langlütjen II, Besetzung einer künstlichen Insel.“* Hrsg. Technische Universität Braunschweig, Institut für Baugestaltung B, Prof. G. Wagner.

Julius Schreckenberg stellte in seiner Dokumentation *„Festungsinseln an der Wesermündung“* wertvolle Beiträge zur Inselgeschichte zusammen, in beeindruckender und berührender Weise auch für den Zeitraum des Nationalsozialismus.

Dr. Peter Klan (Hrsg., Langlütjen – Zwei Festungsinseln im Wattenmeer) hat im Auftrag des Nordenhamer Kunstvereins Materialien zusammengestellt und zugänglich gemacht.

Frank Gosch beschreibt in seinem Werk *„Festungsbau an Nordsee und Ostsee"* die Geschichte der deutschen Küstenbefestigungen und liefert hilfreiche Hinweise.

Mit meinem Freund *Michael Haaken* verbindet mich seit der Recherche für den Roman „Mordstein" ein stetiger und reger Austausch - vielleicht gelingt es uns doch noch, herauszufinden, woher die zweihunderttausend Eichenpfähle stammten, die zur Gründung der Fundamente von beiden Festungsinseln herangeschafft worden sind?

Julia Johannsen und *Annika Deutsch* setzten sich kritisch mit dem Text auseinander und gaben technische Hilfestellung.

Allen sei herzlich gedankt.

Meiner Frau *Elle* danke ich für immerwährende gutgelaunte Unterstützung und wunderbare tägliche Sonnenaufgänge, gerade auch dann, wenn man vom Schreibtisch aus durchs Fenster in einen neblig trüben Tag und auf ein leeres Blatt Papier schaut. Nicht zuletzt inspirieren Werke von Johann Sebastian Bach und Felix Mendelssohn auf dem Flügel. Hdsl.

Zum Autor

Helmut Heyen studierte an der Universität Hamburg Erziehungswissenschaften, Wirtschaftsgeographie, Germanistik und Schulpsychologie. Er arbeitete viele Jahrzehnte im Hamburger Schuldienst und lebt in Elmshorn.

Weitere Romane des Autors aus der Wesermarsch:

Fokke Heiken hat die von ihm so empfundene Enge und Beschränktheit des dörflichen Lebens in Tedlingswurt längst verlassen. Nach vielen Jahren kommt er zu einem Ehemaligentreffen der einklassigen Volksschule zurück. Er erinnert sich an damalige Dorfbewohner, ihre Eigenheiten und ihre in Traditionen eingebundene Lebensweise:
Heinrich, einziger Kommunist in Tedlingswurt, überlebt die Lager des Dritten Reichs. Postbote Anton ist bestens über die Geschehnisse informiert. Frau Simoni trägt Seidenstrümpfe mit dunkler Mittelnaht. Lehrer Hinnerksen verordnet Schönschrift und kontrolliert die Fingernägel.
Geschichten aus der Vergangenheit verbinden sich mit dem überall sichtbaren Strukturwandel in dörflichen Regionen, der nicht ohne Auswirkung auf Mensch und Landschaft bleibt.

200 Seiten, 2019, broschiert, 12,90 €, ISBN 978-3-7308-1608-0

ISENSEE VERLAG OLDENBURG

Wer gemächlich auf der alten Bundesstraße 212 durch die historische Wurtensiedlung Golzwarderwurp fährt, kommt an einem merkwürdigen Stein vorbei, der neben der Einfahrt zu einer denkmalgeschützten Hofanlage aufgestellt ist. In der Bevölkerung wird er seit alters her Mordstein genannt. Was hat es damit auf sich?

In wechselnden Erzählperspektiven zwischen dem 17. und dem 21. Jahrhundert begegnen sich Menschen in Geschichten, Fantasien und realen Geschehnissen – eingebettet in die weite Landschaft der Wesermarsch.

Hinrich de Vries ist auf der Suche nach den Wurzeln seiner Vorfahren und entdeckt etwas ganz anderes. Ein Oldenburger Graf reitet auf einem Kranich. Moorkolonisten kämpfen ums Überleben. Der Dreißigjährige Krieg verheert ganze Landstriche. Der Name Anna Rüdebusch wird in Stein gemeißelt. Jan de Vries ist mehr als ein Pferdeflüsterer. Die Besucher eines Antik- und Trödelladens empfängt eine seltsam hustende Türglocke. Die Kunsthistorikerin Sonja Gerdes bringt einen Stein ins Rollen.

Alles und alle sind durch unsichtbare Fäden miteinander verwoben. Wird das Geheimnis des Mordsteins aufgeklärt?

220 Seiten, 2021, broschiert, 12,90 €, ISBN 978-3-7308-1813-8

ISENSEE VERLAG OLDENBURG

In den Geschichten dieses Buches begegnen uns lebenskluge Frauen und Männer, die ihre ganz eigenen Taktiken und Finessen entwickelt haben, die Tücken des Alltags zu bewältigen. Mit hintersinnigem Humor umgehen sie sensibel und charmant so manchen Fallstrick.

Wie muss ein richtiger, ein „staatscher Kerl" sein? Was hat Staubsaugen mit Psychologie zu tun? Sind „To-Do-Listen" hilfreich oder eher lästig? Ist die Generation 65 Plus ein lohnendes Marketing-Objekt? Wie gestaltet sich das Zusammenleben mit Alexa? Warum haben Frauen die weitaus größeren Multitasking Fähigkeiten? Was sagen Fische im Canale Grande zu Covid 19?

130 Seiten, 2022, broschiert, 12,90 €, ISBN 978-3-7308-1957-9

ISENSEE VERLAG OLDENBURG

Alle Bücher sind im Buchhandel erhältlich!